rororo **sport**   Herausgegeben von Bernd Gottwald

Peter Schreiner

Erfolgreich dribbeln
Das Peter-Schreiner-System

Grundlagentraining Fußball

Mit Fotos von Hans Wittkowski

Rowohlt Taschenbuch Verlag

Das Peter-Schreiner-System®
ist ein eingetragenes Markenzeichen (P-S-S)

Originalausgabe
Veröffentlicht im Rowohlt Taschenbuch Verlag GmbH,
Reinbek bei Hamburg, Juni 1999
Copyright © 1999 by Rowohlt Taschenbuch Verlag GmbH,
Reinbek bei Hamburg
Umschlaggestaltung Büro Hamburg, Susanne Reizlein
(Foto Hans Wittkowski)
Grafiken Jörg Mahlstedt
Satz Minion und Syntax PostScript, QuarkXPress 3.32
Gesamtherstellung Clausen & Bosse, Leck
Printed in Germany
ISBN 3 499 19487 2

Inhalt

Vorwort 9

Einführung 10

Vorwort des Autors 10
Die Entwicklung des Peter-Schreiner-Systems 12
Ein «infizierter» Trainer 15

Das Peter-Schreiner-System 18

Merkmale des P-S-S 19
Stärken des P-S-S 21

Der erfolgreiche Dribbler 24

Fertigkeiten 24
Fähigkeiten 25
Zehn Grundregeln für einen guten Dribbler 26
Wann ist ein Dribbling angebracht? 28

Dribbeln lernen 29

Kreativität und Lernen 29
Fehlerkorrektur 31
Ausbildungsschritte 32

Basisbewegungen 33

Gegner frontal 33
Kappen innen 34

Kappen außen 35
Ausfallschritt 36
   außen-außen 37   außen-innen 38   innen-außen 39   innen-innen 40
Übersteiger 41
   außen-außen 41   außen-innen 42   innen-außen 42   innen-innen 42
Schere 43
   innen-außen 43   innen-innen 44   außen-außen 44   außen-innen 44
Sohlentrick 45
   Spann 45   Innenseite – vom Standbein weg 46
   Innenseite – über das Standbein 47
Ziehen hinter das Standbein 48
Eindrehen innen 49
   ohne Auftaktbewegung 49   Schere innen und Eindrehen innen 50
   Ausfallschritt außen und Eindrehen innen 51
Eindrehen außen 52
   ohne Auftaktbewegung 52   Schere innen und Eindrehen außen 53
   Ausfallschritt außen und Eindrehen außen 54
Matthews-Trick 55

Gegner seitlich 56
Zurückziehen mit der Sohle 57
Kappen innen 59
Kappen außen 61
Schere 62
   innen-innen 63   innen-außen 64   außen-außen 65   außen-innen 66
Ziehen hinter das Standbein 67
Leotrick 68

Gegner im Rücken 69
Ausfallschritt 74
   außen-außen 74   außen-innen 75   innen-außen 76   innen-innen 77
Übersteiger 78
   außen-außen 78   außen-innen 78   innen-außen 79   innen-innen 80
Schere 81
   außen-außen 81   außen-innen 82   innen-außen 83   innen-innen 84

Basisbewegungen in der Praxis 85

Parteispiele 85
Anwendungen in Spielsituationen 89
Gegner seitlich 90
  Doppelkappen 90   Leotrick 91
Gegner frontal 92
  Matthews-Trick und Schere außen-außen 92
  Sohlentrick und Ziehen hinter das Standbein 93
Gegner im Rücken 95
  Schere innen-innen und Ziehen hinter das Standbein 95
  Schere innen-außen und Kappen innen 97

Organisationsformen 98

Großgruppentraining 98
Methodische Besonderheiten 99
Zick-Zack 100
  Grundelement Zick-Zack 100   Zweier-Zick-Zack 101   Vierer-Zick-Zack 101
  Sechser-Zick-Zack 102   Ablauf 103
Der Tannenbaum 105
  Grundelement Tannenbaum 105   Zweier-Tannenbaum 106
  Vierer-Tannenbaum 107   Techniken im Tannenbaum 108
  Technikkombinationen 109
Blitz 110
  Grundelement Blitz 111   Zweier-Blitz 112   Vierer-Blitz 113
  Techniken im Blitz 114   Technikkombinationen im Blitz 115
Kamm 116
  Grundelement Kamm 116   Zweier-Kamm 117   Vierer-Kamm 118
  Technikkombinationen 119
Das Achterdribbling 119
  Grundelement Achterdribbling 120   Achterdribbling – Endlosübung 121
  Achterdribbling mit Wendepunkt 122   Techniken im Achterdribbling 122
Kombinationen der Organisationsformen 125
  Kamm und Zick-Zack 125   Zick-Zack und Blitz 126
  Tannenbaum und Kamm 126   Achterdribbling und Kamm 127
  Kamm, Zick-Zack und Blitz 127
Verbindung mit Anschlußaktionen 128
  Pässe 128   Torschuß 129   Koordinationstraining 130   Swingball 131

Kleingruppentraining 132
Gegner frontal 132
  in der Zweiergruppe 132   in der Vierergruppe 132
  in der Dreiergruppe mit einem Ball 133
  in der Dreiergruppe mit zwei Bällen 134   Dreieck mit Gegenspieler 135
  Quadrat mit Gegenspieler 135   Dreieck mit Zentrum 136
  Quadrat mit Zentrum 136
Gegner seitlich 137
  Übung für Anfänger 137   Endlosübung mit Gegenläufer im Dreieck 138
  Angriff von der Seite 139   Endlosübung im Quadrat mit Gegenläufer 140
  Zwei Dribbler – ein Gegner auf der Diagonalen 141
Gegner im Rücken 142
  Vorübungen zwischen zwei Hütchen 142   Richtungsdribbling 145
  Wettkampf Gegner abschütteln 147   Übungen im Quadrat 148
  Übungen in Endlosübungen 151   Übungen in der Dreiergruppe 152

Übungen mit Torschuß 156
Eindrehen und Torschuß 156
Anspiel, Finte und Torschuß 157

Literaturliste 158

Bücher 158
Videos 158

Vorwort

Seit 1990 kenne ich Peter Schreiner – wir haben damals als Trainer der Oberliga Nordrhein die «Klingen gekreuzt». Ich freue mich, daß der Autor Peter Schreiner den Weg zum Juniorenfußball gefunden hat und aus seinem großen und reichen Erfahrungsschatz nun seine Ideen zu einer effektiven Vermittlung von Basistechniken in Buchform präsentiert.

Einige Male war ich Zeuge von Praxisdemonstrationen, in denen Peter Schreiner seine Trainingsmethode mit Juniorenspielern des FC Schalke 04 präsentierte und erklärte.

Seine Vorführungen und interessanten Erläuterungen überzeugten nicht nur mich, sondern auch die anwesenden kritischen Trainer.

Das Peter-Schreiner-System zeichnet sich meines Erachtens dadurch aus, daß die Kinder fußballtypische Bewegungen in einem dynamischen Lernprozeß systematisch erlernen. Das Training ist lernintensiv, vielseitig und kindgerecht.

In neuen motivierenden Organisationsformen verbessern die Spieler ständig Ballgefühl und Ballsicherheit. Als besondere Leistung sehe ich an, daß Peter Schreiner Basisbewegungen, Organisationsformen und Finten exakt beschreibt und in verständlicher Form darstellt.

Das Thema Juniorenfußball steht im Mittelpunkt der öffentlichen Aufmerksamkeit. Das Buch «Erfolgreich dribbeln» gibt neue, wesentliche Impulse für die Ausbildung unserer jungen Fußballspieler. Trainer und Lehrer erhalten viele interessante Anregungen für ein effektives und abwechslungsreiches Training.

Ich schätze Peter Schreiner als engagierten Förderer des Juniorenfußballs und wünsche ihm und seinem Buch viel Erfolg.

Den fußballinteressierten Lesern wünsche ich viel Spaß und ein gutes Umsetzen des «Peter-Schreiner-Systems».

Ihr Erich Rutemöller
(DFB-Trainer)

Erich Rutemöller

Einführung

Vorwort des Autors

1986 – WM in Mexiko

Im Viertelfinalspiel – England gegen Argentinien – schießt Maradonna das 2:0 nach einem Dribbling aus der eigenen Spielhälfte. Seine Gegenspieler läßt er reihenweise wie Fahnenstangen stehen und schließt seinen Sololauf mit einem erfolgreichen Torschuß ab. An dieses «Jahrhundertdribbling» wird sich wohl jeder Fußballgenießer erinnern, der die WM 1986 verfolgt hat.

Ähnlich geht es dem Fußballzuschauer, der die Ballbehandlung eines Ausnahmespielers wie Pele, Johann Cruyff oder Franz Beckenbauer vor Augen hat. Von Ballkünstlern ihres Formates wird immer eine Faszination ausgehen, die Zuschauermassen ins Stadion lockt. Der Fußballfan will mit seinem Verein oder seiner Nationalmannschaft erfolgreich sein, doch neben dem Ergebnis möchte er kreativen, technisch ansprechenden und mit spektakulären Einzelaktionen garnierten Fußball sehen.

Fußballtrainer sollten dies immer vor Augen haben und nicht nur ergebnisorientiert denken, dann werden sie vielleicht dazu beitragen, daß sich in ihrem Verein ein Ausnahmetalent entwickeln kann.

Leitfaden für Trainer

Dieses Buch habe ich besonders für all die Trainer[1] geschrieben, die den Fußballnachwuchs fördern, ohne speziell dazu ausgebildet zu sein.

In zahlreichen Seminaren und Fußballschulen überall in Deutschland habe ich festgestellt, daß besonders im unteren Jugendbereich (bis zu den C-Junioren) sehr viele Trainer tätig sind, die das Amt des Jugendtrainers ihrem Sohn oder dem Verein zuliebe übernommen haben.

Häufig fühlen sich diese Trainer hilflos und überfordert, ein qualifiziertes und effektives Training durchzuführen. Sie sind engagiert und bemühen sich, den Kindern das Fußballspielen so gut wie möglich beizubringen. Mit diesem Buch möchte ich den Trainern einen Lehrplan für eine systematische und gezielte Dribbelschule anbieten.

---

[1] Selbstverständlich sind damit auch die Trainerinnen, Lehrer und Lehrerinnen gemeint. Gleiches gilt für die Bezeichnung Spieler.

Übungen für Kinder, Jugendliche und Erwachsene

Alle Übungen eignen sich nicht nur für Jugendspieler, vielmehr habe ich erfahren, daß Amateurspieler aller Leistungsklassen ebenfalls viel Spaß beim Dribbeltraining hatten. Entweder dienten die Übungen als Wiederholung schon gelernter Techniken oder sogar als Hilfe zur Beseitigung von Defiziten, die besonders in den unteren Amateurligen deutlich sichtbar sind.

Hausaufgaben für Spieler

Die Inhalte dieses Buches sind so leicht verständlich und mit vielen Fotos illustriert, daß auch Kinder und Jugendliche dieses Buch als Leitfaden für ein selbständiges Training nutzen können. Zwischen den einzelnen Trainingseinheiten im Verein können unsere Nachwuchsspieler somit auch Hausaufgaben in Sachen Fußball erledigen. Nach meinen Erfahrungen erledigen sie diese weitaus lieber als Schulaufgaben und zeigen großes Interesse, die gelernten Basisbewegungen vor dem nächsten Training vorzuführen. Die Spieler erhalten durch die Übungen sehr schnell ein gutes Ballgefühl, sind in der Lage, sicher und körpernah zu dribbeln, beherrschen zahlreiche Finten, um einen Gegner ins Leere laufen zu lassen, und spielen schließlich einen attraktiven und erfolgreichen Fußball.

Arbeitsbuch mit ausführlicher Inhaltsangabe

Die Übungen sind systematisch aufgeführt und leicht umsetzbar, damit jeder Trainer dieses Buch als Arbeitsbuch nutzen kann. Aus diesem Grund ist die Inhaltsangabe sehr detailliert und kleinschrittig, um eine schnelle Orientierung innerhalb der Themen zu ermöglichen.

Die meisten Trainer interessieren sich für praxiserprobte Übungen, konkrete methodische Hinweise sowie verständliche Übungsanweisungen und Beschreibungen. Genau das werden sie in diesem Buch finden.

Mehr als 300 Fotos zeigen die Bewegungsabläufe besonders anschaulich.

Die theoretischen Ausführungen zum Dribbling sind nicht nötig, um das «**Peter-Schreiner-System®**» schnell anwenden zu können.

Sie müssen das Buch also nicht von vorne bis hinten, Seite für Seite lesen. Suchen Sie sich doch die Abschnitte oder Bildreihen aus, die Sie am meisten interessieren, und bearbeiten diese zuerst. Später sollten Sie sich aber auch mit den Hintergrundinformationen und methodischen Hinweisen beschäftigen.

Die beschriebenen und mit Bildreihen erläuterten Techniken sollten Sie zuerst selbst üben, bevor Sie diese im Training vorstellen. Ganz besonders wichtig erscheint mir, daß Sie die simplen Dinge wie das richtige Auslegen der Hütchen zu den speziellen Organisationsformen, z. B. «Kamm» oder «Achterdribbling», auch vorher durchdenken und üben.

Die Wahl der richtigen Abstände und Winkel der Hütchen erfordert etwas Erfahrung, doch wenn Sie mit 5 bis 10 Metern experimentieren, werden Sie schnell merken, welche Abstände für Ihre Spieler angemessen sind. Auch die Winkel in den verschiedenen Organisationsformen sollten Sie im Laufe der Zeit immer sicherer im Gefühl haben.

Motivation

Ich wäre sehr stolz, wenn es mir gelingen könnte, Sie zu motivieren, im nächsten Training mit den ersten Übungen anzufangen, auch wenn Sie noch nicht perfekt sind. Sie werden es nicht bereuen. Wenn Sie das **Peter-Schreiner-System** (P-S-S) gezielt nutzen, werden Ihre Spieler auch im Spiel Techniken zeigen, die Sie ihnen nicht zugetraut hätten. Sie werden die neuen Techniken gerne üben und die neuen Organisationsformen schon nach kurzer Zeit ballsicherer durchdribbeln.

Wenn Sie auch zu einem «infizierten» Trainer geworden sind und das **Peter-Schreiner-System** sicher anwenden können, werden andere Trainer zu Ihnen kommen und Sie nach Ihrem Trainingskonzept befragen.

Vielleicht erklären Sie diesen interessierten Trainern dann den «Kamm», die «Schere innen-innen» oder das «Richtungsdribbling».

Ich würde mich auf jeden Fall sehr freuen, wenn ich mit diesem Buch einen kleinen Beitrag leisten könnte, die Ausbildung unserer Nachwuchsfußballer vielseitiger und systematischer zu gestalten. Aber davon abgesehen profitieren natürlich auch alle anderen Altersgruppen vom P-S-S und sind eingeladen, es auszuprobieren.

Peter Schreiner

Die Entwicklung des Peter-Schreiner-Systems (P-S-S)

Man wird nicht eines Morgens wach und sagt: «Jetzt denke ich mir eine neue Trainingsmethode aus.» Ein Entwicklungsprozeß über Jahre macht aus einer anfangs kleinen, unbedeutenden Idee vielleicht etwas Eigenständiges, etwas Besonderes. Ein Studium der vorhandenen Medien, Besessenheit sowie ständiges Ausprobieren und Experimentieren sind nötig, um eine Idee über Jahre weiterzuentwickeln und immer weiter zu verbessern.

Mit 23 Jahren startete ich meine Laufbahn als **Spielertrainer** in der damaligen Bezirksliga, nachdem ich vier Jahre in der höchsten und zweithöchsten Amateurliga gespielt hatte. Dies war eine große Herausforderung für einen jungen Sportstudenten, der das Ziel hatte, Trainer in der höchsten Amateurliga zu werden.

Im Jahr 1988 war es dann soweit: Mit Sportfreunde Katernberg (Essen), dem Verein, in dem Helmut Rahn seinerzeit sehr erfolgreich Fußball spielte, stieg ich aus der Verbandsliga in die Oberliga auf. Mit 35 Jahren hatte ich mein Ziel erreicht.

Im Dezember 1989 erhielt ich dann einen Anruf, der mein Leben als Trainer und Lehrer völlig verändern sollte. **Bodo Menze**, Jugendmanager von Schalke 04, bot mir an, die A-Junioren des Traditionsvereins von der Saison 1990/91 an zu trainieren. Dies war der Übergang vom Seniorenfußball, der mich 13 Jahre in seinen Bann gezogen hatte, zum Jugendfußball mit völlig neuen Perspektiven und Ambitionen.

Nach zwei sehr erfolgreichen Jahren in der dritten Liga stand nun der Wechsel zum FC Schalke 04 und somit zum Jugendfußball bevor. Dies war mein größtes Glück, und ich bin Bodo Menze noch heute dankbar für acht schöne Jahre.

Seit 1992 war dann meine Aufgabe beim FC Schalke 04 nicht mehr die Betreuung einer Mannschaft, sondern die Veränderung der Struktur im unteren Jugendbereich bis zu den C-Junioren.

Um qualifizierte Anregungen geben zu können, habe ich zahlreiche Fortbildungen belegt. Ich erwarb u. a. die Lizenzen für Spielleiter und Organisationsleiter, die beide meinen Horizont enorm erweiterten, und beschäftigte mich seitdem intensiv mit den Medien aus aller Welt zum Thema Jugendfußball.

Das war auch die Zeit, als ich mit den Ideen von Wiel Coerver in Berührung kam. Stundenlang habe ich versucht, die Übungen dieses genialen Fußballtrainers zu verstehen und umzusetzen.

Im «Basistraining» des FC Schalke 04 fand ich ein ausgezeichnetes Experimentierfeld, in dem ich nach und nach meine eigene Konzeption entwickelte. Die Kinder waren von diesem Spezialtraining begeistert. Es sprach sich herum, daß die Kinder im «Basistraining» viel lernten und sehr großen Spaß hatten. Die ersten Zuschauer kamen, die ersten Fragen wurden gestellt. Das war die Zeit, als ich meine Aufzeichnungen immer mehr Trainern zur Verfügung stellte.

1994 haben Bodo Menze und ich das «Talentmodell Schalke 04» trotz anfänglicher Schwierigkeiten und Probleme ins Leben gerufen, bei dem ich als Projektleiter die Aufgabe hatte, das Basistraining zu organisieren, den Trainern und Lehrern Anregungen zu einem kindgemäßen und abwechslungsreichen Training zu geben und die Zusammenarbeit Schule–Verein zu fördern.

Dieses neue Tätigkeitsfeld bot mir die Möglichkeit, Ideen zu entwickeln, kreativ zu sein und ein neues Trainingskonzept zu entwickeln, das über Gelsenkirchen hinaus bekannt wurde.

1996 folgte die Einladung, auf dem **Internationalen Trainerkongreß des Bundes Deutscher Fußball-Lehrer (BDFL)** in München Ausschnitte aus dem Basisprogramm «Erfolgreich dribbeln» zu präsentieren. Schalker E- und D-Junioren zeigten dabei den mehr als 1000 Trainern die Effektivität eines gezielten Dribbeltrainings.

Die Resonanz auf die Vorführung war so überwältigend, daß eine Einladung zum **Trainerkongreß 1997 in Köln** folgte. Dort hatten wir Gelegenheit, weitere Inhalte des Basistrainings von Schalke 04 zu zeigen.

Fußballschulen, die ich für den FC Schalke 04 organisierte, fanden einen solch tollen Anklang, daß ich beschloß, das Peter-Schreiner-System auch in «Lern-Fußballschulen» außerhalb von Schalke zu verbreiten.

1996 habe ich das «**Institut für Jugendfußball**» gegründet, das sich zum Ziel gesetzt hat, dem Jugendfußball Impulse zu geben. Eine eigene Homepage führte zu einem regen Austausch auch mit Jugendtrainern aus der ganzen Welt (http://www.ifj.de).

Im Rahmen des «Talentmodells Schalke 04» fanden Trainerseminare statt, in denen ich als Referent und Organisator meine Ideen zum Thema «kindgemäßes Jugendtraining» vorstellte. Alle Teilnehmer hatten so die Möglichkeit, in Theorie und Praxis Anregungen zu einem abwechslungsreichen und motivierenden Jugendtraining zu erhalten.

Später kamen sogar Einladungen von Vereinen, diese Trainerlehrgänge auch mit ihren Trainern durchzuführen. Auch diese Fortbildungen waren für mich ein hervorragendes Forum und Lernfeld.

Der Wunsch vieler Trainer, die Inhalte der Fortbildungen auch in geeigneter Form mit nach Hause nehmen zu können, führte schließlich zu der Produktion von zwei Videos, die sich schon nach kurzer Zeit als Verkaufsschlager herausstellten.

Mein Dank gilt **Jörg Göpel**, der nicht nur die Anregung zu den Videos gab, sondern auch bei der Umsetzung dieser Idee sehr behilflich war.

Auch in Amerika erwiesen sich die Videos «The German Touch» als Renner.

Der Herausgeber und Händler der amerikanischen Version der Videos bat mich 1998 während des Trainerkongresses in Cincinnati, die Inhalte der Videos auch in Buchform zusammenzustellen. Viele Trainer hatten ihn danach gefragt, und der Bedarf war sehr groß. Dies war der Grundstein für dieses Buch. **Hanjo Beese**, mit dem mich schon seit Jahren eine freundschaftliche Beziehung verbindet, der aber auch seit langem ein Fan meiner Trainingsmethode ist, stellte den Kontakt zum Rowohlt Verlag her und hatte somit wesentlichen Anteil am Erscheinen dieses Buches.

Nicht zuletzt möchte ich mich bei **Peter Hyballa**, dem «infizierten Trainer», bedanken, der mir ein wertvoller Gesprächspartner war und die Presse verfolgt hat, damit ich auch aktuelle Strömungen berücksichtigen konnte.

Mein Dank gilt auch all denen, die durch ihre Anregungen, ihre Kritik und ihr Lob zur Entwicklung des **Peter-Schreiner-System** beigetragen haben.

Ein «infizierter» Trainer (Peter Hyballa)

Sie sind auch Jugendtrainer, finden Ihr eigenes Training nicht immer abwechslungsreich, obwohl Sie eine Lizenz des DFB erworben haben, wollen aber Ihre «Jungens» mit neuen Formen begeistern? An diesem Punkt war ich auch angelangt. **Doch eines Tages lernte ich einen passionierten Fußballverrückten kennen: Peter Schreiner.**

An einem grauen Dezembermorgen erhielt ich einen Brief vom IFJ wie alle Trainer eines DFB-B-Lizenz-Lehrganges. Auf den ersten Blick habe ich diesen nicht weiter beachtet. Doch auf den zweiten Blick sah ich genauer hin und bemerkte, daß sich hinter dem Kürzel IFJ **das Institut für Jugendfußball** verbarg. Ich war sehr erstaunt und überrascht, daß es solch eine Institution überhaupt gab.

Obwohl ich mit Leib und Seele Jugendtrainer bin, hatte ich vom Institut für Jugendfußball bis dahin noch nie etwas gehört. Als ich den Brief öffnete, kamen mir Begriffe wie Fußballschule, Video Teil 2 «Gegner im Rücken» und Trainerseminare entgegen. Spontan wählte ich die genannte Telefonnummer und hatte einen gewissen Peter Schreiner am anderen Ende der Leitung. Nach einem kurzen, intensiven Gespräch über den Bereich Jugendfußball bot er mir an, bei einer Fußballschule mitzuwirken, die unter dem Motto «**Erfolgreich dribbeln**» bekannt ist. Das Angebot nahm ich sehr gerne an, konnte ich doch eine neue Trainingsmethode näher kennenlernen.

Gesagt, getan. Ein paar Monate später stand ich mit Peter Schreiner auf dem grünen Rasen einer Fußballschule mit über 80 Kindern, die den «**Zick-Zack**», den «**Kamm**» oder den «**Blitz**» per «**Ausfallschritt**», «**Schere innen-innen**» sowie «**Eindrehen außen**» durchliefen.

Diese fußballbegeisterten Jungen und Mädchen meisterten diese technisch anspruchsvollen Organisationsformen mit Bravour und vor allem mit diesem Leuchten in den Augen, welches nur Kinder besitzen, wenn sie rundherum zufrieden sind.

Doch dieses Leuchten bemerkte ich nicht nur bei den Kindern, sondern auch bei dem Trainer, der zum ersten Mal mit von der Partie war.

Ja, ich hatte bei mir eine Zufriedenheit gespürt, da ich eine neue Trainingsmethode kennenlernte, die mir in meiner persönlichen Trainingsgestaltung einen positiven Schub gab.

Peter Schreiners Idee von einer systematischen Ausbildung, in der Technik und speziell das Dribbeln statt stupidem Konditionsgebolze im Vordergrund steht, hat mich seitdem gepackt und fasziniert, da gerade in Großgruppen viele Trainer mit ihren Kids überfordert sind. Mit der Planung und Ausführung der Trainingsidee des «Erfolgreich dribbeln» wird jedes Kind individuell geschult, und der Jugendtrainer hat alle Spieler im Blickfeld und kann somit gut korrigieren und anregen.

Das «**Peter-Schreiner-System**» schafft die Grundlagen für ein gutes Ballgefühl, kreative Angriffstechniken, erfolgreiches Dribbling und zahlreiche Tricks.

Diese Methode fand bei mir großen Anklang, aber jetzt galt es, sich nicht nur in eine Trainingsmethode zu verlieben, sondern diese auch perfekt und strukturiert anwenden zu können. Deshalb besorgte ich mir die Videos «Teil 1 – Großgruppentraining» und «Teil 2 – Gegner im Rücken», die ich mir gespannt angesehen habe. Außerdem lernte ich das motivierende Koordinationstraining als Ergänzungstraining kennen.

Nun konnte ich diese Methodik «live» im Wohnzimmer bei Cola und Kartoffelchips anschauen.

Nachdem ich mir die Videos mehrmals angesehen und viele Stichpunkte herausgeschrieben hatte, besaß ich ein umfangreiches Trainingskonzept für die persönliche Arbeit mit meiner Nachwuchsmannschaft.

Stichpunkte wie «Eindrehen» oder «Ziehen hinter das Standbein» sowie zahlreiche Organisationsformen standen ab sofort auf meinem Notizblock, den ich am Anfang in vielen Trainingseinheiten benötigte.

Das Fieber des Trainingssytems, aber auch die Veröffentlichungen und vor allem die zahlreichen Ferien-Fußball-Schulen für Kinder und Jugendliche haben mich «infiziert», und diese Begeisterung ließ mich nicht mehr los.

Deswegen wurde ich freier Mitarbeiter beim Institut für Jugendfußball und kam in den Trainerstab, dem auch Trainer von verschiedenen Bundesligaclubs sowie pädagogisch gut ausgebildete Kräfte wie Lehrer und Sportstudenten angehören.

Zuvor war ich noch Teilnehmer eines Trainerseminars, das an einem verregneten Samstagmorgen in Essen stattfand, bei dem Peter Schreiner in familiärer Atmosphäre verständlich und didaktisch plausibel seine Methode den lernbegierigen Jugendtrainern vermittelte.

Wer sich auf ein langweiliges und theoretisches «Geschwafel» vorbereitet hatte, der wurde eines Besseren belehrt. **PRAXIS** war angesagt – immer wieder mußten die Trainerschüler den «**Ausfallschritt außen-außen**» oder das «**Kappen außen**» anwenden und vormachen, so daß alle Teilnehmer richtig ins Schwitzen kamen. Dabei verbesserten die Trainer ihre eigene Technik und gewannen das Selbstvertrauen, diese ungewohnten Bewegungen auch im Training ihren Spielern vorzuzeigen.

Heute bin ich ein Trainer, der in vielen Trainingseinheiten «erfolgreich dribbeln» läßt.

Wenn ich im Training wieder einmal den Parcours «Zick-Zack» oder «Kamm» aufbaue, merke ich an den Reaktionen meiner Spieler, daß ein gewisses Kribbeln entsteht.

Es herrscht zum einen eine Anspannung vor, da die Spieler einige Tricks noch nicht perfekt umsetzen können und nervös oder fast ängstlich sind, ob diesmal z. B. die «Schere innen-innen» gelingt. Zum anderen entsteht bei den Nachwuchsspielern eine ausgesprochene Freude, wenn sie die motivierenden Organisationsformen durchdribbeln, da eine Vielzahl von Techniken schon phantastisch funktioniert und diese von Training zu Training weiter automatisiert wird.

Natürlich sind viele Spieler auch sehr stolz, wenn sie bestimmte Techniken tatsächlich «wie im Schlaf» beherrschen und dies auch dem Trainer mit einem selbstbewußten Blick demonstrieren.

Meine Trainerkollegen beobachten mit Adleraugen die Dribbeleinheiten und sind überrascht, daß man mit so einfachen Hilfsmitteln (einigen Markierungshütchen), neuen Organisationsformen und interessanten Techniken bei den Spielern soviel Spaß, Freude und Begeisterung hervorrufen kann.

Seit langem bin ich vom Virus des **Peter-Schreiner-Systems** befallen, für mich wurden seine Übungen zu einem wichtigen Bestandteil meiner Trainingsgestaltung, und ich freue mich weiterhin auf jede Fußballschule des IFJ.

Das Peter-Schreiner-System (P-S-S)

Die Organisationsformen des «Großgruppentrainings» (vgl. S. 98–131) stellen das «Herz» des P-S-S dar. Innerhalb eines geschlossenen Systems dribbeln die Spieler mit vorgegebenen Aufgaben (vgl. Kapitel Basistechniken) oder frei und kreativ. In der folgenden Graphik sind Merkmale und wichtige Prinzipien des Peter-Schreiner-Systems aufgeführt, die die Grundlage seines Erfolges in der Vermittlung von Dribbeltechniken, Finten und Ballgefühl darstellen. Die Effektivität des Lernprozesses mit dem **P-S-S** liegt u. a. daran, daß jeder Spieler ausnahmslos mit Ball in Bewegung ist, eine Aufgabe erfüllt und kein Spieler herumsteht und nur zusieht.

In der Graphik auf S. 21 sind die Kriterien aufgelistet, die den Lernprozeß besonders effektiv gestalten.

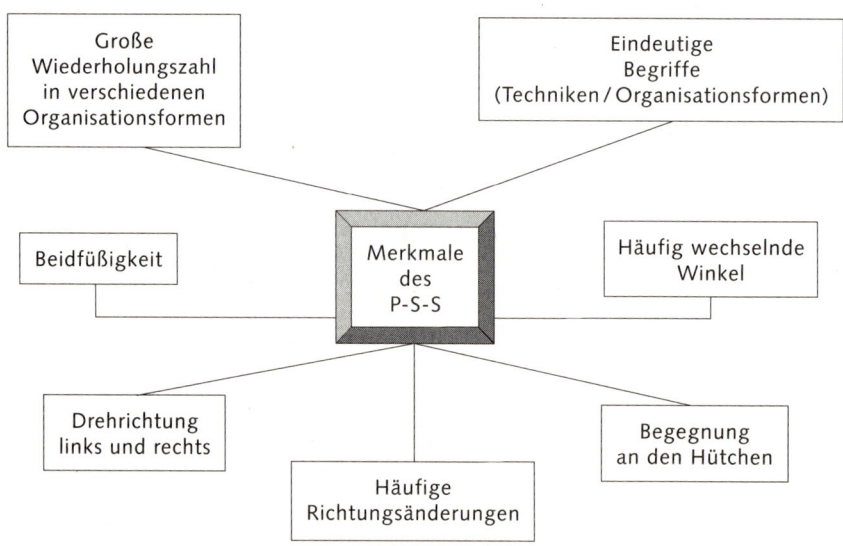

Merkmale des P-S-S

- **Große Wiederholungszahl in verschiedenen Organisationformen**
  Eine Finte (Scheinbewegung), die ein Spieler langsam und kontrolliert ausführen kann, sollte er in verschiedenen Organisationsformen mit unterschiedlichen Aufgabenstellungen festigen. Deshalb sollte der Trainer über einen großen Schatz an unterschiedlichen Übungen verfügen, damit seine Spieler immer neue Herausforderungen bekommen und die Basisbewegungen häufig genug und variabel wiederholen, bis sie diese beherrschen.
  Im Tennis üben selbst Profis einfache Schläge immer wieder, bis sie so automatisiert sind, daß im Spiel die Fehlerquote sogar unter Streß so gering wie möglich ist.
- **Häufige Richtungsänderungen**
  Durch die Anordnung der Hütchen und durch die vorgegebenen Laufwege führen die Spieler zahlreiche Richtungsänderungen aus. Sie lernen dadurch, ihren Körper und den Ball so zu kontrollieren, daß eine Bewegung mit Ball in jede beliebige Richtung möglich ist. Um dieses Ziel zu erreichen, ist eine sehr hohe Zahl von Wiederholungen mit vielen unterschiedlichen Richtungsänderungen notwendig.
  Gleichzeitig verbessern die Spieler auch ihr Ballgefühl, das die Grundlage für zahlreiche Techniken (Ballannahme und gezielte Paßtechniken) bildet.
  Die Spieler sollten in der Lage sein, den Ball so zu beherrschen, daß sie ihr Dribbling in jede beliebige Richtung fehlerfrei ändern können.
  In der Wettkampfsituation sollten sie dann die Position des Gegners berücksichtigen und sich taktisch klug verhalten, d. h. zur richtigen Seite abdrehen und den Ball abschirmen und dabei sicher dribbeln.
- **Häufig wechselnde Winkel**
  Neben der hohen Wiederholungszahl kommt der Wahl verschiedener Winkel in einer Übung eine große Bedeutung zu. Der Wechsel der Organisationsform und die Veränderung der Abstände der Markierungen gibt den Spielern immer neue Winkel bei ihren Richtungsänderungen vor.
  Jeder Winkel stellt aber eine neue Herausforderung für den Übenden dar.
  Das Kappen mit der Innenseite (S. 34) ist bei einer Drehung um 90 Grad wesentlich leichter als bei 180 Grad (S. 59/60), wie z. B. im «Kamm».
  Zu jedem Winkel gibt es eine Reihe von Techniken, die dort besonders gut trainiert werden können.
- **Beidfüßigkeit**
  Durch die Aufgabenstellung, d. h. durch die Vorgabe der Techniken, werden die Spieler zwingend veranlaßt, beidfüßig zu üben. Wenn ein Spieler im «Zick-Zack» am ersten Hütchen z. B. «Kappen innen» mit **links** ausführt, dann kann am nächsten Hütchen nur «Kappen innen» mit **rechts** folgen.

Die Aufgabe, an allen Hütchen mit der Innenseite zu kappen, kann ein Spieler also nur lösen, wenn er an jedem Hütchen einen Fußwechsel vornimmt.

Besonders im Grundlagentraining ist es wichtig, daß die Spieler beide Füße trainieren und in der Lage sind, mit links und rechts zu dribbeln, Finten nach links und rechts auszuführen und Ballgefühl auch im schwächeren Fuß zu entwickeln.

Im «Tannenbaum», «Blitz», «Kamm» und «Achterdribbling» ist es jedoch erforderlich, von beiden Seiten zu starten, damit die Spieler beide Füße trainieren.

Wenn eine Gruppe z. B. im Kamm rechts startet und am 90-Grad-Winkel mit der Innenseite eindreht, dann wird auf der gesamten Bahn der linke Fuß trainiert. Nach einer Runde sollte die Gruppe dann auf der linken Seite beginnen, dann ist sichergestellt, daß in der ersten Runde schwerpunktmäßig der linke Fuß, in der zweiten Runde der rechte Fuß trainiert wird.

Eine zweite Möglichkeit wäre ein ständiger Wechsel zwischen «Eindrehen innen» und «Eindrehen außen», denn dann ist ebenfalls ein Fußwechsel notwendig.

- **Drehrichtung: links und rechts**

Besonders bei jüngeren Spielern kommt es vor, daß sie die Orientierung nach Drehungen um die Körperlängsachse verlieren. Sie dribbeln dann zu einem falschen Hütchen. Deshalb nimmt in der methodischen Abfolge der Basisbewegungen das «Eindrehen» eine besondere Stellung ein.

Es ist ratsam, die Drehungen erst ohne Ball, bzw. mit Ball in der Hand auszuführen, bevor das «Eindrehen innen» oder «Eindrehen außen» geübt wird.

- **Begegnung an den Hütchen**

Bevor die Spieler zum ersten Mal im **P-S-S** dribbeln, sollte der Trainer den Spielern mitteilen, daß sie grundsätzlich **vor** den Hütchen abbiegen und nicht um sie herum dribbeln. Dabei sollten sie den notwendigen Abstand wie zu einem Gegenspieler einhalten. Wenn sie dies nicht beachten, könnte es zu Zusammenstößen an den Hütchen kommen.

Die Richtungsänderung **vor** den Hütchen ermöglicht damit Begegnungen an den Hütchen, die die Spieler zwingen, den Kopf zu heben und darauf zu achten, daß sie nicht mit Spielern auf der anderen Seite der Hütchen zusammenstoßen. Die Spieler nehmen aber nicht nur den Blick vom Ball, sondern haben immer das Gefühl, in einer Gruppe zu üben, obwohl sie Einzelübungen ausführen.

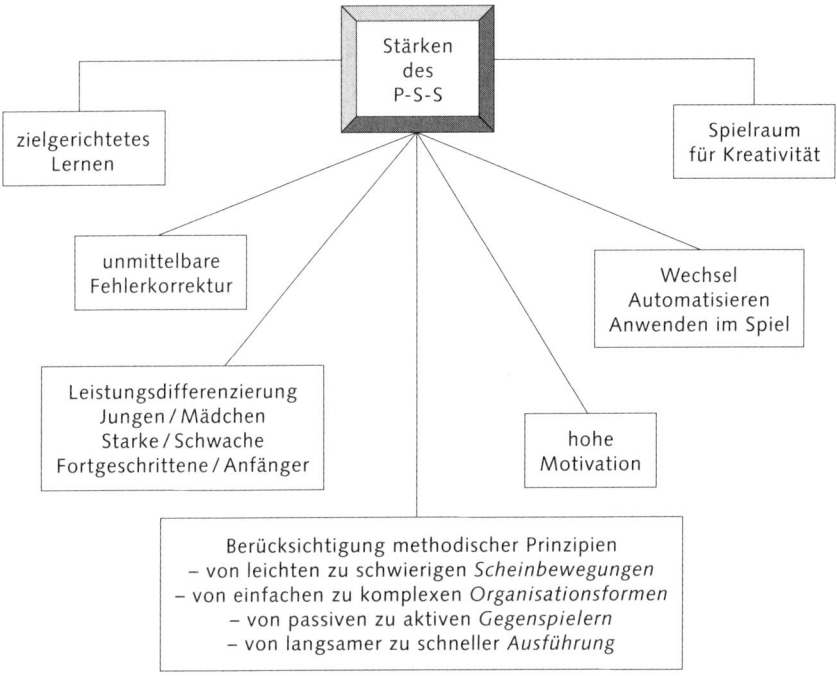

Stärken des P-S-S

- **Unmittelbare Fehlerkorrektur**

Alle Spieler sind mit Ball in einem System und erfüllen die gestellten Aufgaben so gut sie können. Anfänger durchdribbeln die Organisationsformen langsam und konzentriert, während Fortgeschrittene dies eher mit hohem Tempo tun.
Der Trainer hat alle Spieler im Blickfeld und kann jeden Spieler direkt ansprechen. Fehler lassen sich so gezielt und unmittelbar korrigieren.
Dies sollte der Trainer auch sofort tun, damit sich Fehler nicht einschleifen und später nur mit großem Aufwand wieder behoben werden können. Ein Vorteil der Großgruppenübungen liegt darin, daß der Trainer eine Einzelkorrektur geben kann, während die übrigen Spieler weiter üben und nicht stehen bleiben.
Häufig auftretende Fehler sollte er jedoch vor der gesamten Gruppe besprechen. Dazu wartet der Trainer am besten eine Runde ab, korrigiert und zeigt die richtige Bewegung oder läßt sie von einem Spieler vormachen. Dann üben die Spieler eine weitere Runde.

- **Zielgerichtetes Lernen**
  Die Aufgaben und Technikvorgaben sind eindeutig formuliert. Der Trainer beobachtet die Spieler und kann mit dem P-S-S einen gezielten Lernprozeß in Gang setzen. Da die Spieler in einer Lernphase alle dieselbe Technik anwenden, sieht der Trainer sofort, ob sie das Trainingsziel erreicht haben.
  Wenn ein Spieler mehr Übung braucht, um eine Technik zu lernen, dann kann der Trainer auch zusätzliche Übungen als Hausaufgabe geben.
- **Leistungsdifferenzierung**
  Jungen und Mädchen (z. B. in der Schule), Anfänger und Fortgeschrittene sowie stärkere und schwächere Spieler können im P-S-S gemeinsam trainieren.
  Sie unterscheiden sich jeweils im Tempo der Ausführung, im Schwierigkeitsgrad der Techniken oder in der variablen Anwendung verschiedener Techniken.
  Am Starthütchen kann der Trainer dem starken Spieler z. B. eine schwierigere Aufgabe stellen als einem schwächeren. Er kann ihn aber auch auffordern, eine Übung möglichst schnell zu absolvieren. Dann sollte der Abstand zwischen den einzelnen Spielern größer sein.
  Eine weitere Möglichkeit zu differenzieren bieten die Organisationsformen mit zwei Startpunkten (z. B. «Vierer-Zick-Zack» oder «Vierer-Kamm»). Eine schwächere Gruppe könnte dann mit einer leichten Aufgabe links starten, während die fortgeschrittenen Spieler rechts eine Zusatzaufgabe erfüllen.
  Auch die konditionelle Belastung kann somit unterschiedlich hoch sein. Wenn die erste Gruppe verschiedene Techniken langsam anwendet, könnte eine Gruppe mit Fortgeschrittenen die Sonderaufgabe erhalten, verschiedene Basisbewegungen so schnell zu absolvieren, daß sie zwei Runden in derselben Zeit bewältigt wie die Anfängergruppe.
- **Methodische Prinzipien**
  Die Organisationsformen und die Wahl der Scheinbewegung richten sich nach dem Ausbildungsstand der Spieler. Diese sollten soviel Anreize durch die Aufgaben erhalten, daß sie jede Übung voll konzentriert ausführen. Der Trainer sollte jedoch auch sicherstellen, daß seine Spieler eine exakte Bewegungsvorstellung erhalten und Finten technisch einwandfrei langsam ausführen können, bevor sie durch ständiges Üben automatisiert werden.
  Der Schwierigkeitsgrad der Scheinbewegung, die Komplexität der Organisationsform, das Tempo der Ausführung (Zeitdruck) und der Einsatz eines Gegenspielers (Gegnerdruck) sollten kontinuierlich gesteigert werden.
- **Spielraum für Kreativität**
  Ein effektives Dribbeltraining sollte neben den vorgegebenen Aufgaben jedoch immer auch Spielraum für eigene Ideen und kreatives Anwenden der gelernten Techniken lassen. Einen spektakuläreren Trick eines Spielers, den ein Spieler spontan zeigt, sollte der Trainer ebenso würdigen wie die Finten, die auf seinem Trainingsplan stehen. Die Zeit, einen Spieler zu loben und ihm die Gelegenheit zu bieten, sei-

nen Trick vorzuführen, sollte immer zur Verfügung stehen.
Häufig wundert man sich, wie einfallsreich Spieler sein können.
- **Hohe Motivation**
Erfahrungen im Verein, in der Schule und in Fußballschulen haben gezeigt, daß die Spieler gerne Basisbewegungen üben. Das **P-S-S** schafft die Grundlage für eine hohe Motivation der Übenden. Dies wird noch verstärkt, wenn die Spieler merken, daß sie ballsicherer werden und Techniken beherrschen, die attraktiv und spektakulär sind. Dann üben sie Basisbewegungen noch eifriger.
Der Wechsel der Organisationsformen und Techniken stellt sicher, daß das Training nie langweilig wird. Die Spieler sollten aber auf keinen Fall mit dem P-S-S «überfüttert» werden. Ein dosierter Einsatz der Übungen ist immer angebracht.
- **Wechsel von Automatisieren und Anwenden**
Nach dem Grundlagentraining sollten die Spieler die gelernten Finten praktisch anwenden. Dies geschieht sinnvoll erst in überschaubar vorgegebenen Spielsituationen, dann in Trainingsspielen und zuletzt in Pflichtspielen.
Das Dribbeltraining darf erst dann als erfolgreich bezeichnet werden, wenn die gelernten Techniken auch im Spiel zu sehen sind (vgl. S. 32, Ausbildungsschritte).

Der erfolgreiche Dribbler

Fertigkeiten

Ballführung

Eine langsame und kontrollierte Vorwärtsbewegung mit einem Ball, der sich eng am Fuß des Spielers befindet, nennt man Ballführung.

Die Ballführung kann dazu dienen, sich im Raum neu zu orientieren, d. h. Mitspieler zu suchen oder einem Mitspieler die Möglichkeit zu geben, sich geschickt freizulaufen. Der Blick sollte dabei vom Ball gelöst sein, damit der Ballführende die Spielsituation erfassen kann. Der Ball wird mit der Innenseite oder dem Spann vorwärts bewegt.

Balltreiben (Tempodribbling)

Das Treiben des Balles oder Tempodribbling hat den Sinn, einen freien Raum möglichst schnell zu überwinden. Der Ball wird nicht so eng am Fuß gehalten wie bei der Ballführung, sollte jedoch immer unter Kontrolle bleiben. Wenn die Situation es erfordert, sollte der Spieler in der Lage sein, die Richtung oder das Tempo zu wechseln, bzw. die Vorwärtsbewegung abzubrechen.

Dribbling

Dribbling kommt aus dem Englischen und heißt «mit kleinen Stößen vorwärts treiben». Im engeren Sinne erfordert ein Dribbling jedoch die Nähe eines Gegners, den der Dribbler überwinden möchte. Häufig wird ein Dribbling durch eine oder mehrere Finten eingeleitet.

Finte

Finten beruhen auf dem Prinzip der Fehlinformation. Beim Fintieren verschleiert der Angreifer oder Dribbler seine eigentliche Absicht durch eine «Scheinbewegung» (Tempo- oder Richtungswechsel/Körperbewegungen etc.) und führt anschließend seinen Plan durch.

Somit stellt die Finte eine individual-taktische Maßnahme dar.

Der Gegner soll zu einer Fehlreaktion veranlaßt werden, die dem Angreifer einen kleinen zeitlichen Vorsprung verschafft. Ein geschickter Dribbler nutzt bei einer Finte die Reaktionen seines Gegenspielers geschickt aus und wirkt bei seiner Ausführung überzeugend.

Fähigkeiten

Ein guter Dribbler sollte
- eine gute **Körperkontrolle** und ein stabiles **Gleichgewicht** besitzen,
- aufmerksam beobachten und **Reaktionen des Abwehrspielers deuten** können (**Antizipation** gegnerischer Absichten),
- ein gutes **Ballgefühl** besitzen,
- eine hervorragende **Wahrnehmung** haben,
- **Dribbeltechniken** und **Finten** mit Alternativen beherrschen (spieltechnische Qualität eines Dribblers),
- ein gutes **Timing** bei der Anwendung von Finten haben (zeitlicher Aspekt einer Finte),
- eine ausgezeichnete **Orientierung** besitzen (räumlicher Aspekt einer Finte).

Gutes Ballgefühl

Beherrschung zahlreicher
Dribbeltechniken
und Finten

Ausgezeichnete
Orientierung

Gutes
Gleichgewicht

Gutes Timing

Gute
Wahrnehmung

Abwehrreaktion
vorausahnen
(Antizipation)

Zehn Grundregeln für einen guten Dribbler

1. Ein Dribbling in Gegnernähe sollte durch eine der Situation angemessene Finte eingeleitet werden. Diese Auftaktbewegung soll den Gegner zu einer Fehlreaktion verleiten, die einen kleinen zeitlichen Vorsprung bewirkt und somit zum Gelingen eines Dribblings wesentlich beiträgt.
2. Der Schwerpunkt des Dribblers sollte tief liegen, damit der Dribbler aus einem stabilen Gleichgewicht in alle Richtungen starten kann.
3. Nach der Finte soll der Angreifer sein Dribbling möglichst explosiv fortsetzen, damit der Zeitgewinn durch die Reaktion des Abwehrspielers auf die Finte nicht wieder verloren geht.
4. Ein geschickter Dribbler lockt seinen Gegenspieler aus seiner Lauerstellung heraus, indem er nicht frontal, sondern seitlich auf ihn zudribbelt, um ihn in eine instabile Haltung zu locken. Reagiert der Abwehrspieler aus der Bewegung heraus,

dann gelingt es eher, ihn in eine ungünstige Körperhaltung zu bringen, aus der er nicht so schnell reagieren kann. So wird eine Finte mit plötzlicher Richtungsänderung besonders dann erfolgreich, wenn der Gegner eine Bewegung abbremsen muß, um in eine neue Richtung zu starten.

5. Ein kluger Dribbler richtet seine Finte auf den Gegenspieler aus und berücksichtigt seine eigenen Stärken. Eine Finte wird wirkungslos, wenn der Gegenspieler nicht erwartungsgemäß reagiert. Es gibt Finten, die besonders für schnelle Angreifer (z. B. auf dem Flügel mit Raumgewinn nach der Finte) geeignet sind, und solche, die von wendigen und ballsicheren Spielern (z. B. im Strafraum) bevorzugt werden.

6. Der Dribbler sollte das Verhalten des Gegenspielers genau beobachten, um auf Reaktionen des Abwehrspielers angemessen reagieren zu können. Erzielt eine Finte nicht die erhoffte Wirkung, so könnte z. B. die Fortsetzung der eigentlichen Bewegung erfolgen, weil der Weg in die nun gewünschte Richtung versperrt ist. Eine zweite Finte könnte folgen, um den Abwehrspieler weiter zu verunsichern und schließlich doch zu «verladen».

7. Eine Finte sollte nicht zu früh, bzw. nicht zu weit entfernt ausgeführt werden, denn der Gegner kann seine Fehlreaktion noch korrigieren. Erfolgt die Finte jedoch zu spät, bzw. zu nah am Gegner, hat dieser keine Zeit, die gewünschte Reaktion zu zeigen. Mit der Erfahrung im Wettkampf bekommt ein Dribbler jedoch das Gefühl für die richtige Einschätzung des Abstandes zum Gegner. Dabei sollte der Dribbler die Eigenschaften (z. B. Reaktions- und Aktionsschnelligkeit) seines Gegenspielers berücksichtigen.

8. Ein Dribbling sollte immer nötig sein und niemals Selbstzweck, es sollte auch immer dem Interesse der Mannschaft dienen. Ein Spieler, dem ein «Beinschuß» oder das Narren eines Gegners wichtiger erscheint als ein Tor, schwächt seine Mannschaft erheblich, denn er verzögert das Angriffsspiel. Ein überraschendes Dribbling jedoch kann auch Spiele entscheiden. Die Spieler müssen neben der Technik auch lernen, wann ein Dribbling notwendig oder eher ein Abspiel angebracht ist.

9. Ein Dribbling sollte nicht eine unmittelbare Gefahr für das eigene Tor darstellen (z. B. Dribbling im eigenen Strafraum!). Da jedes Dribbling auch ein Risiko beinhaltet, verbietet es sich selbstverständlich dann zu dribbeln, wenn der Gegner mit großer Wahrscheinlichkeit selbst eine Torchance erhalten kann.

10. Man sollte nur Finten, die man häufig geübt hat und somit ausreichend gut beherrscht, im Wettkampf anwenden. Eine schlecht ausgeführte Finte verunsichert den Dribbler und vermindert seine Sicherheit.

Wann ist ein Dribbling angebracht?

Ein Dribbling ist dann angebracht bzw. sogar notwendig, wenn
- ein Angreifer keine Abspielmöglichkeit hat,
- ein Abwehrspieler aus taktischen Gründen weggezogen werden soll,
- eine Torschußmöglichkeit eröffnet werden soll,
- auf Zeit gespielt werden soll,
- ein Durchbruch in den freien Raum gestartet wird,
- eine 1-gegen-1-Situation in Tornähe erfolgreich abgeschlossen werden soll,
- ein Aktionsraum geöffnet werden soll,
- Mitspielern die Zeit eingeräumt werden soll, aufschließen zu können,
- eine Abseitsfalle überspielt werden soll.

Dribbeln lernen

Kreativität und Lernen

Das **P-S-S** versteht sich als eine Trainingsmethode, die dem Trainer einen systematisch aufgebauten Leitfaden oder Lehrplan und entsprechende Organisationsformen und Beschreibungen an die Hand gibt. Damit kann der Trainer den Lernprozeß seiner Spieler ökonomisch und durchdacht gestalten.

Es folgen nun einige grundsätzliche Informationen, die für das Lernen sportlicher Bewegungen wichtig sind.

Kreativität erfordert ein großes Bewegungsrepertoire
In Übungsreihen werden vorgegebene Basisbewegungen zielstrebig, effektiv und planmäßig vermittelt und automatisiert. Die Spieler üben wichtige Bewegungen, die immer gleich ablaufen, so intensiv und abwechslungsreich, daß sie in unterschiedlichen Spielsituationen sicher und z. T. unterbewußt abgerufen werden können.

Ein breites Bewegungsrepertoire schafft die Grundlage für Entscheidungsfähigkeit und kreative Handlungen. Erst wenn ein Spieler verschiedene Finten mit links und rechts und alternative Anschlußhandlungen beherrscht, ist er in der Lage, in einer 1-gegen-1-Situation einen Gegenspieler oder sogar eine komplette Abwehr zu verblüffen und somit auszuspielen.

Dies schließt nicht aus, daß ein Spieler sich auf einen Trick spezialisiert, den er besonders gut ausführen kann. Der Gegenspieler sollte jedoch immer im unklaren sein, was im nächsten Augenblick passiert.

Lernprozeß sportlicher Bewegungen
Die Vermittlung sportlicher Bewegungen sollte nicht zufällig ablaufen, wie es in der Förderung unseres Fußballnachwuchses leider sehr häufig noch üblich ist. Viele Trainer haben keinen langfristig angelegten Trainingsplan, sondern planen ihr Training von Woche zu Woche oder von Trainingseinheit zu Trainingseinheit. Auch die Auswahl der Trainingsinhalte verläuft eher zufällig, gibt es doch keinen brauchbaren Lehrplan. Viele Trainer fühlen sich überfordert, ein kindgemäßes, systematisch geplantes und methodisch richtiges Training zu gestalten.

Mit dem **P-S-S** hat der Trainer nun einen Lehrplan für die Teilbereiche Dribbling, Finten und Ballgefühl.

Damit die Spieler eine Bewegung in der Grobform ausführen können, brauchen sie zuerst eine präzise Bewegungsvorstellung. Dazu sollten sie erst den räumlichen Verlauf der Gesamtbewegung verstehen und anschließend die Bewegungen einzelner Körperteile genau erfassen.

Eine klare Bewegungsvorstellung schafft der Trainer am besten durch Demonstration (Vormachen) oder die Präsentation visueller Informationen mit Hilfe von Medien.

Skizzen, Bilder, Bildreihen

Diese kann der Trainer – z. B. dieses Buch – mit zur Sportstätte nehmen, seinen Spielern zeigen und als Kopie mit nach Hause geben.

Hausaufgaben setzen jedoch Selbständigkeit und Leistungswillen der Spieler voraus. Sie könnten bekannte Bewegungen festigen oder sogar eine Aufgabe lösen. Dies könnte z. B. das Ausdenken einer eigenen Kombination von verschiedenen Finten sein.

Bewegte Bilder (Videos, Film)

Die Bewegungen können flüssig und vollständig gezeigt werden.

Außerdem sind Standbilder, Zeitlupe und unbegrenzte Wiederholung möglich. Vorführungen erfordern einen hohen Medienaufwand (Videorecorder, Fernseher, bzw. Filmprojektor und Leinwand) und sind häufig vom Trainingsort getrennt. Dadurch liegt eine Pause zwischen Sehen und Übung (Videos siehe S. 158/158). Der Trainer sollte das Alter und den Ausbildungstand seiner Spieler bezüglich der Aufnahmekapazität und Wortwahl berücksichtigen.

Die Besprechung von Bildreihen oder Videoaufzeichnungen sollte kurz sein und nicht auf zu viele Details eingehen. Häufig ist es ratsam, erst nur die wesentlichen Informationen hervorzuheben und später weitere Details anzusprechen.

Das **P-S-S** liefert eindeutige Begriffe für Techniken und Organisationsformen, die für eine eindeutige Kommunikation notwendig sind. Diese Begriffe sind so anschaulich, daß selbst Achtjährige kein Problem haben, diese zu verstehen und sie sich zu merken.

Technikdemonstrationen

- **Technisch einwandfrei**

Eine Demonstration sollte technisch einwandfrei sein. Es ist daher besser, einen technisch versierten Spieler zu bitten, eine schwierige Basisbewegung zu demonstrieren, als selbst eine fehlerhafte Bewegung zu zeigen.

Häufig reicht es jedoch aus, eine neue Bewegung nur langsam anzudeuten, damit die Spieler verstehen, wie das Grundmuster aussieht. Talentierte Spieler werden dann in vielen Fällen schnell verstehen, welche Technik sie ausführen sollen, und können diese dann den anderen Spielern vorführen.

- **Wiederholung mit Beobachtungsschwerpunkten**
Besonders schwierige Bewegungen sollte man mehrmals wiederholen. Dazu könnte der Trainer mehrere unterschiedliche konkrete Beobachtungsaufgaben stellen, die zeigen, daß die Spieler die wichtigen Teilbewegungen auch wirklich verstanden haben.
- **Übertriebene Demonstration (einzelner Körperteile oder in Zeitlupe)**
Manchmal ist es ratsam, einzelne Körperteile übertrieben deutlich hervorzuheben und besonders zu betonen. Wichtige Phasen können auch verlangsamt ausgeführt werden, damit sie die Spieler erkennen und verstehen können.
- **Standort der Spieler**
Der Trainer sollte sicherstellen, daß die Spieler einen günstigen Standort einnehmen, der es erlaubt, die Bewegung optisch gut wahrzunehmen. Die Entfernung und der Blickwinkel spielen dabei eine bedeutende Rolle.

Fehlerkorrektur

Der Trainer unterstützt und leitet den Lernprozeß durch eine gezielte Fehlerkorrektur. Dabei sollte er folgende Punkte berücksichtigen:
- Kurze Impulse sind besser als lange Erklärungen.
- Fehler sollten immer nacheinander korrigiert werden und nicht mehrere Fehler gleichzeitig.
- Nicht in Einzelheiten verlieren, sondern das Wesentliche herausstellen! Dies könnte sonst Verwirrung oder Lustlosigkeit bei den Spielern hervorrufen.
- Wichtig sind auch positive Verstärkungen, wie z. B. «Weiter so» oder «Gut gemacht».
- Eine Fehlerkorrektur könnte nach einem Übungsdurchgang erfolgen, wenn alle Spieler die Übung absolviert haben und aufnahmebereit sind. Wenn aufgrund eines Mißverständnisses grobe Fehler schon zu Beginn auftreten, sollte der Trainer sofort unterbrechen und nach einer ergänzenden Korrektur neu starten lassen.
- Sinn macht auch eine Einzelkorrektur während eines Durchganges. Sie sollte dann jedoch kurz und prägnant sein und in Form von Impulsen erfolgen.

Formen der Fehlerkorrektur
- Die Spieler vergleichen zwei unterschiedliche Bewegungen (falsch – richtig) und finden evtl. Fehler selbst. Durch geschicktes Fragen kann der Trainer auf die Fehler aufmerksam machen.
- Der Trainer gibt zusätzliche Aufgabenstellungen, die Fehler verhindern sollen. So könnten Spieler, die ihren Blick zu sehr auf den Boden richten, die Aufgabe erhal-

ten, während der Ausführung einer Bewegung Handzeichen des Trainers zu deuten.
- Eine Demonstration könnte wiederholt und die Konzentration auf die wesentliche Funktionsphase gelenkt werden.
- Wenn eine komplexere Übung nicht korrekt ausgeführt wird, sollten die entsprechenden Vorübungen oder Teile der Bewegung wiederholt werden, die für die geforderte Bewegung notwendig sind.

Ausbildungsschritte

Folgende Abfolge zum Erlernen von Finten hat sich bewährt:
1. Der Angreifer sollte eine klare Bewegungsvorstellung durch Bilder, Videos oder durch Vormachen der Mitspieler oder Trainer erhalten.
2. Die neue Bewegung sollte ohne Gegner langsam erprobt und geübt werden.
   Nach einer notwendigen Korrektur muß diese Bewegung in verschiedenen Organisationsformen automatisiert werden. Finten laufen entweder intuitiv ab, wenn eine überraschende Spielsituation diese erforderlich macht, oder werden bewußt vorbereitet, wenn die Zeit dazu ausreicht.
   In jedem Fall müssen Finten automatisiert sein, damit sie entweder überhaupt erst angewendet werden können oder zumindest die Übersicht über die Spielsituation erhalten bleibt. Die Beobachtung des Gegners und die angemessene Reaktion auf dessen Verhalten erfordern ebenfalls eine Automatisierung von mehreren Bewegungsmustern (verschiedene Finten).
3. Ein passiver (teilaktiver) Gegner sollte dann die Orientierung (räumlich, zeitlich) und den Bezug zur Spielsituation herstellen. Die richtige Wahl des Abstandes zum Gegner und der richtige Zeitpunkt bei der Anwendung einer Finte erfordern Übung und Erfahrung.
4. Eine beherrschte Finte muß in kleinen Spielen, in realistischen Spielsituationen und selbstverständlich abschließend im Wettkampf angewendet werden.
5. Von Anfang an ist es ratsam, Finten auch in ihrer typischen Spielsituation einzuüben und Anwendungsmöglichkeiten aufzuzeigen. Der Sinn der Finte sollte dem Übenden ebenfalls klar sein.
6. Als oberstes Ziel sollte die Anwendung der gelernten Technik im Pflichtspiel sein. Erst unter dem Druck eines unter Wettkampfbedingungen attackierenden Gegners kann der Dribbler zeigen, daß er einen Trick wirklich beherrscht.

Basisbewegungen

Schon sehr früh sollten die Kinder wichtige Basisbewegungen lernen, damit sie später in der Lage sind, komplexe Bewegungsabläufe zu beherrschen. Ein ausgezeichnetes Ballgefühl, die Entwicklung eines großen Repertoires an Scheinbewegungen und ihre situationsabhängige Anwendung im Wettkampf erfordern Zeit und Geduld.

Gegner frontal

Ein Gegner befindet sich vor seinem Angreifer, ein Abspiel ist nicht möglich oder nicht so erfolgversprechend wie ein zielstrebiges Dribbling zum Tor, über den Flügel oder raumöffnend im Mittelfeld.

Der Gegner soll verladen und überlaufen werden. Fußballer sind dieser oder einer ähnlichen Streßsituation häufiger ausgesetzt. Meistens fehlen ihnen jedoch die technischen Voraussetzungen, dieses Vorhaben umzusetzen.

Es bleibt also nichts anderes übrig, als den Ball zu einem Mitspieler zu passen, der eventuell genausowenig in der Lage ist, einen Gegner auszuspielen.

Spektakuläre Dribblings und überraschende Einzelaktionen, die eine ganze Abwehr verblüffen, sind eine ausgesprochene Seltenheit auf unseren Fußballplätzen.

Damit ein B-Jugendspieler in einem Pflichtspiel kreative und spektakuläre Techniken zeigen kann, sollte er besonders im «goldenen» Lernalter (9 bis 12 Jahre) mit den folgenden Basisbewegungen beginnen und diese immer weiter automatisieren.

Kappen innen

Das Kappen (= Abschneiden) stellt die einfachste Art dar, die Richtung zu ändern. Dabei «schneidet» der Spieler den Weg des Balles mit der Innenseite ab (kurz: *Kappen innen*). Diese Basisbewegung läßt sich in verschiedenen Winkeln (bis 180 Grad) ausführen. Von einer leichten Kappbewegung an einem Gegenspieler vorbei bis zu einem Zurückkappen in die Ausgangsrichtung sind alle Variationen möglich. Eine Besonderheit stellt das enge und schnelle Kappen nach einer Schußfinte dar. Es läßt damit einen Gegenspieler, der versucht, den Ball mit einen «Gleittackling» zu erkämpfen, ins Leere rutschen.

Sehr einfach und wirkungsvoll ist das *Doppelkappen* oder sogar das *Dreifachkappen*, mit dem ein Spieler in der entsprechenden Spielsituation einen anderen Spieler «schwindelig» spielen kann.

Häufig leitet eine Schußfinte das Kappen ein, um den Gegner zu einer Fehlreaktion zu verleiten, durch die man einen kleinen zeitlichen Vorsprung erhält.

(a) Zum Hütchen dribbeln

(b) Rechter Fuß schwingt hinter den Ball

(c) Innenseite des rechten Fußes zieht den Ball in die neue Richtung. Schnell zum nächsten Hütchen dribbeln

Kappen außen

Das Kappen mit der Außenseite (kurz: *Kappen außen*) ist schon etwas schwieriger als das *Kappen innen*. Anfängern passiert es manchmal, daß der Ball über den Fuß rollt. Häufig sieht die Bewegung steif, hölzern und wenig elegant aus.

Das *Kappen außen* stellt höhere Ansprüche an die Beweglichkeit im Fuß- und Hüftgelenk und ist für die Kinder zu Beginn ungewohnt.

Typischer Fehler:
Wenn Kinder zum ersten Mal das *Kappen außen*, z. B. im *Zick-Zack*, üben, dann kommt es manchmal vor, daß ein Kind auch zwischen den Hütchen seitlich dribbelt und versucht, den Ball bei jedem Schritt mit der Außenseite zu spielen.

Korrekturhinweis:
Dribble zwischen den Hütchen mit beiden Füßen ganz normal und locker.

(a) Zum Hütchen dribbeln

(b) Rechten Fuß neben den Ball setzen

(c) Linken Fuß nach innen drehen und Ball mit der Außenseite nach links ziehen

(d) Schnell wegdribbeln

Ausfallschritt

Die Täuschbewegung (hier: der Ausfallschritt nach rechts) soll einen Paß oder Durchbruch zur rechten Seite vortäuschen. Der rechte Fuß wird jedoch nach der schnellen Seitbewegung abgesetzt und das Gewicht auf das rechte Bein verlagert.

Danach zieht der Spieler den Ball mit dem nun freien linken Fuß explosionsartig nach links und dribbelt vom Gegenspieler weg.

Typischer Fehler:

Ein Spieler führt den Ausfallschritt oder die Mitnahme des Balles in die entgegengesetzte Richtung nicht überzeugend aus. Besonders dann, wenn diese wichtige Basisbewegung am Hütchen automatisiert wird, vergessen die Spieler häufig, daß das Hütchen ja einen Gegenspieler darstellen soll.

Fehlerkorrektur:

Der Trainer sollte bei jeder Übung darauf achten, daß die Spieler die geforderte Bewegung dynamisch ausführen, und die Spieler auffordern, überzeugend zu sein.

«Führe den Ausfallschritt und auch die Mitnahme des Balles dynamisch und überzeugend aus! Löse dich explosionsartig vom Hütchen!»

Ausfallschritt außen-außen

(a) Zum Hütchen dribbeln und einen Schuß oder Durchbruch antäuschen

(b) Rechten Fuß absetzen und das Gewicht auf die rechte Seite verlagern

(c) Linken Fuß nach innen drehen und den Ball mit der linken Außenseite nach links spielen

(d) Schnell vom Gegner lösen

Ausfallschritt außen-innen

Die Fortsetzung der Bewegung nach der Täuschung durch den Ausfallschritt mit dem rechten Bein nach rechts kann auch mit der Innenseite erfolgen. Dann heißt die Finte *Ausfallschritt außen-innen*, und es wird außen angetäuscht und innen mitgenommen. Dabei findet kein Beinwechsel statt, denn der Täuschfuß nimmt den Ball in die neue Richtung mit.

(a) Zum Hütchen dribbeln und Ausfallschritt mit dem rechten Bein nach rechts, rechten Fuß absetzen

(b) Linken Fuß absetzen und Gewicht auf das linke Bein verlagern

(c) Der freie rechte Fuß nimmt den Ball mit der Innenseite nach links mit.

Ausfallschritt innen-außen

Der Ausfallschritt mit dem linken Bein nach rechts wird häufig angewendet, wenn der Angreifer mit geringem Tempo auf seinen Gegenspieler zudribbelt oder schon vor ihm steht.

Die Täuschbewegung erfolgt nun mit dem linken Fuß, d. h., es wird ein Abspiel oder Durchbruch mit der linken Innenseite angetäuscht.

Nach einer Gewichtsverlagerung auf das rechte Bein zieht jedoch die Außenseite des linken Fußes den Ball nach links am Gegner vorbei in die neue Richtung.

(a) Zum Hütchen dribbeln und einen Paß oder Durchbruch mit der linken Innenseite antäuschen

(b) Linken Fuß absetzen und rechten Fuß nachschwingen

(c) Gewicht auf das rechte Bein verlagern und den Ball mit der linken Außenseite nach links spielen

Ausfallschritt innen-innen

Im Gegensatz zum *Ausfallschritt innen-außen* wird nun die Bewegung mit der Innenseite fortgesetzt. Dabei findet ein Beinwechsel statt. Diese Ausführungsart kann durch die Reaktionen des Gegenspielers erforderlich sein. Der Angreifer sollte seinen Gegner daher immer aufmerksam beobachten und auf jede seiner Fußbewegung achten, besonders wenn diese auf den Ball gerichtet ist. Schnelle Fußbewegungen des Angreifers sind dann erforderlich, um den Ball vom attackierenden Spieler wegzuziehen.

(a) Zum Hütchen dribbeln und einen Paß oder Durchbruch mit der Innenseite des linken Fußes antäuschen

(b) Linken Fuß am Ball vorbei schwingen und absetzen

(c) Gewicht auf den linken Fuß verlagern und das rechte Bein um das linke Standbein herumschwingen

(d) Ball mit der Innenseite schnell vom Gegner wegspielen

Übersteiger

Übersteiger außen-außen

Führt der Spieler den Täuschfuß nicht am Ball vorbei, sondern über den Ball, dann nennen wir das *Übersteiger*. Die Bewegungsabläufe sind ähnlich wie beim Ausfallschritt und werden häufig verwechselt. Von den vier möglichen Finten sind hier nur die Übersteiger aufgeführt, die einen Paß oder Durchbruch mit der Außenseite antäuschen.

Die Fortsetzung erfolgt dann mit der Außenseite (*Übersteiger außen-außen*) oder Innenseite (*Übersteiger außen-innen*).

Die «Übersteiger **innen**-außen» und «**innen**-innen» sind nicht im Bild dargestellt, können jedoch leicht von der Schere (S. 43 / 44) abgeleitet werden.

(a) Zum Hütchen dribbeln

(b) Ein Abspiel oder Durchbruch mit der Außenseite des rechten Fußes antäuschen

(c) Rechten Fuß absetzen und Gewicht auf das rechte Bein verlagern

(d) Linken Fuß nach innen drehen und den Ball mit der Außenseite in die neue Richtung spielen

Übersteiger außen-innen

Der Übersteiger außen kann aber auch mit der Innenseite desselben Fußes beendet werden. Das ist dann der *Übersteiger außen-innen*. Wichtig ist, daß der Spieler den rechten Täuschfuß dynamisch und überzeugend über den Ball führt und auf dem Boden absetzt, das Gewicht auf das linke Bein verlagert und den Ball schnell mit der rechten Innenseite mitnimmt.

(a) Zum Hütchen dribbeln und einen Durchbruch mit der Außenseite des rechten Fußes antäuschen

(b) Rechten Fuß über den Ball schwingen und auf dem Boden absetzen

(c) Schwung mit rechts abfangen und das Gewicht auf links verlagern

(d) Innenseite des rechten Fußes spielt den Ball nach links vom Gegner weg.

Übersteiger innen-außen (ohne Bild)

Beim *Übersteiger innen-außen* täuscht der Spieler ein Abspiel mit der Innenseite an und nimmt den Ball anschließend mit der Außenseite desselben Fußes mit in die entgegengesetzte Richtung.

Übersteiger innen-innen (ohne Bild)

Wie beim *Übersteiger innen-außen* täuscht der Dribbler ein Abspiel mit der Innenseite an, setzt jedoch die Bewegung mit der Innenseite des anderen Fußes fort.

Schere

Schere innen-außen («Rivelino-Täuschung»)

Bei der Schere innen führt der Spieler den Fuß um den Ball herum und täuscht einen Paß oder Durchbruch mit der Innenseite vor. Nun kann er die Bewegung mit der Außenseite desselben Fußes fortsetzen. Das nennen wir dann *Schere innen-außen*.

Der Brasilianer Rivelino hat diesen Trick häufiger angewendet, deshalb könnte man diese Finte auch «Rivelino-Täuschung» nennen.

Die Scheren *außen-außen* und *außen-innen* sind nicht im Bild dargestellt, können jedoch leicht vom Übersteiger (S. 41 / 42) abgeleitet werden.

(a) Einen Paß oder Durchbruch mit der Innenseite antäuschen und den Fuß um den Ball herum führen

(b) Linken Fuß absetzen

(c) Rechtes Bein absetzen und Körper nach links drehen

(d) Gewicht auf das rechte Bein verlagern und den Ball mit der linken Außenseite nach links ziehen

Schere innen-innen

Nimmt der Spieler nach der Täuschbewegung mit der linken Innenseite den Ball mit der Innenseite des rechten Fußes mit, dann heißt diese Bewegung *Schere innen-innen*. Der Spieler setzt dazu den linken Fuß schnell auf dem Boden ab, dreht seinen Körper in die neue Richtung (nach links) und startet schnell vom Gegner weg.

(a) Einen Paß oder Durchbruch mit der linken Innenseite antäuschen und den Fuß um den Ball herum führen

(b) Linken Fuß absetzen

(c) Körper über das linke Bein zur linken Seite drehen

(d) Ball mit der Innenseite des rechten Fußes nach links ziehen

Schere außen-außen (ohne Bild)

Die Außenseite des Täuschfußes wird um den Ball herum geführt und abgesetzt. Anschließend nimmt die Außenseite des anderen Fußes den Ball zur entgegengesetzten Seite mit (vgl. *Übersteiger außen-außen*, S. 41).

Schere außen-innen (ohne Bild)

Diese Finte wird wie bei der *Schere außen-außen* eingeleitet, doch mit der Innenseite desselben Fußes fortgesetzt (vgl. *Übersteiger außen-innen*, S. 42).

Sohlentrick

Der *Sohlentrick* wird häufig durch eine Schußfinte eingeleitet. Dazu gibt der Spieler überzeugend vor, den Ball schießen zu wollen. Doch dann bricht er den Schuß plötzlich ab und hält den Ball mit der Sohle fest, zieht diesen vom Gegner weg nach hinten und spielt ihn in die gewünschte neue Richtung aus dem Einflußbereich des Gegenspielers heraus. Diese Mitnahme kann entweder mit dem **Spann** oder mit der **Innenseite** erfolgen.

Sohlentrick – Spann

(a) Ball mit der Sohle anhalten

(b) Ball mit der Sohle des linken Beines zurückziehen

(c) Linken Fuß nach innen drehen und den Ball mit dem Spann nach links spielen

(d) Schnell vom Hütchen wegdribbeln

Sohlentrick – Innenseite (vom Standbein weg)

Der Spieler hat zwei Möglichkeiten, den *Sohlentrick* mit der Innenseite auszuführen. Wenn er den Ball weit vom Gegner wegziehen muß, damit dieser den Ball nicht erreichen kann, sollte er sich vom Standbein wegdrehen. Bei der Drehung vom Standbein weg kann der Fuß, der den Ball nach hinten zieht, weit nach hinten durchziehen, da der Weg frei ist.

(a) Zum Hütchen dribbeln und Schuß antäuschen

(b) Ball mit der Sohle anhalten

(c) Ball mit der Sohle nach hinten ziehen

(d) Körper nach links drehen und Ball mit der Innenseite zur Seite spielen. Schnell vom Hütchen wegdribbeln

Sohlentrick – Innenseite (über das Standbein)

Bei der Ausführung des *Sohlentricks* über das Standbein kommt es auf die Geschwindigkeit der Ausführung an, denn das Zurückziehen wird durch das eigene Standbein versperrt. Der Spieler springt dabei mit dem Standbein etwas zur Seite, damit der Ball nicht gegen das Standbein rollt.

(a) Schuß antäuschen

(b) Ball mit der Sohle anhalten

(c) Ball mit der Sohle zurückziehen

(d) Ball mit der Innenseite des rechten Fußes in die Laufrichtung spielen

(e) Während der Ball mit rechts in die Dribbelrichtung (hier nach links) gezogen wird, nimmt man das Standbein (hier das linke Bein) zur Seite weg.

(f) Schnell in den Laufrhythmus kommen und vom Hütchen wegdribbeln

Ziehen hinter das Standbein (90 Grad)

Eine besondere Form des Sohlentricks ist das *Ziehen hinter das Standbein*. Der Ball wird also erst mit der Sohle nach hinten gezogen und dann mit demselben Fuß hinter das Standbein geführt. Dabei deckt das Standbein den Ball vor dem Gegenspieler ab.

(a) Zum Hütchen dribbeln und Schuß antäuschen

(b) Ball mit der Sohle des rechten Fußes zurückziehen

(c) Ball in einer flüssigen Bewegung hinter das Standbein ziehen

(d) Schnell in die neue Richtung starten. Vom Hütchen wegdribbeln

Eindrehen innen (Häßler-Drehung)

Das Eindrehen ist ein Mehrfachkappen, das gegen die Laufrichtung ausgeführt wird. Möchte ein Spieler nach links dribbeln, dann dreht er mit der linken Innenseite rechts herum am Gegenspieler ein. Er schirmt den Ball mit seinem Körper ab. Häufig leiten kreative Spieler das Eindrehen sehr wirkungsvoll durch eine Schußfinte ein.

Eindrehen innen (ohne Auftaktbewegung)

(a) Zum Hütchen dribbeln und den linken Fuß hinter den Ball schwingen

(b) Den Ball mit der linken Innenseite kappen und eine Drehung gegen die Laufrichtung ausführen

(c) Drehung mit einem zweiten (evtl. dritten) Kappen fortsetzen

(d) Weiter um das rechte Bein drehen

(e) Drehung beenden und vom Hütchen wegdribbeln

Schere innen und Eindrehen innen

Ballsichere Spieler können das Eindrehen auch durch eine Auftaktbewegung einleiten. In der folgenden Bildreihe wird die *Schere innen* durch das *Eindrehen innen* eingeleitet.

(a) Zum Hütchen dribbeln und eine «Schere innen» mit dem rechten Bein ausführen

(b) Rechtes Bein absetzen und das linke Bein um das Standbein (hier rechtes Bein) herumführen

(c) Innenseite des linken Fußes führt den Ball um das rechte Bein herum

(d) Drehung fortsetzen, Ball mit der Innenseite des linken Fußes in die neue Richtung führen und vom Hütchen wegdribbeln

Ausfallschritt außen und Eindrehen innen

Das *Eindrehen innen* kann aber auch durch einen Ausfallschritt mit der Außenseite eingeleitet werden.

(a) Zum Hütchen dribbeln, einen Ausfallschritt mit dem linken Fuß ausführen

(b) Linken Fuß absetzen und das Gewicht auf diesen verlagern

(c) Ball mit der Innenseite des linken Fußes um das Standbein (hier das rechte Bein) herumführen

(d) Drehung fortsetzen, Ball mit der Innenseite des linken Fußes in die neue Richtung führen und vom Hütchen wegdribbeln

Eindrehen außen (Beckenbauer-Drehung)

Wesentlich schwieriger als das *Eindrehen innen* ist das *Eindrehen mit der Außenseite*. Der Fuß muß weit hinter den Ball geführt und dann um den Körper herumgekappt werden.

Eindrehen außen – ohne Auftaktbewegung

(a) Zum Hütchen dribbeln, Ball mit der Außenseite des rechten Fußes um das linke Bein herumkappen

(b) Linken Fuß absetzen und Gewicht auf das linke Bein verlagern

(c) Ball weiter mit der Außenseite des rechten Fußes um das linke Bein herumkappen

(d) Schnell vom Hütchen wegdribbeln

Schere innen und Eindrehen außen

Fortgeschrittene können das *Eindrehen außen* auch mit einer *Schere innen* einleiten.

(a) Auf das Hütchen zudribbeln und eine Schere mit der Innenseite des rechten Fußes ausführen

(b) Rechten Fuß absetzen und eine Drehung um das rechte Bein einleiten

(c) Linken Fuß absetzen und den Ball mit der Außenseite des rechten Fußes herumkappen, Drehung fortsetzen und Ball in die gewünschte Richtung spielen

(d) Laufrhythmus finden und schnell vom Hütchen wegdribbeln

Ausfallschritt außen und Eindrehen außen

Manche Spieler bevorzugen lieber den Ausfallschritt als Auftaktbewegung zum *Eindrehen außen*. Ein komplett ausgebildeter Spieler beherrscht jedoch beide Bewegungen.

(a) Einen Ausfallschritt mit dem linken Fuß einleiten

(b) Linken Fuß absetzen und einen Stemmschritt ausführen und rechten Fuß hinter den Ball schwingen

(c) Ball mit der Außenseite des rechten Fußes herumkappen und eine Drehung nach rechts ausführen

(d) Drehung fortsetzen und Ball mit der Außenseite des rechten Fußes weiter um das Standbein herumführen

(e) Linkes Bein absetzen und den Körper weiter in die neue Richtung drehen

Matthews-Trick

Stanley Matthews, der große englische Spieler, hatte eine Spezialität, mit der er viele Abwehrspieler «vernaschte». Als Außenstürmer machte er vor dem Gegenspieler einen Schritt mit links zur Mitte, nahm den Ball mit der Innenseite des rechten Fußes nach innen und täuschte somit einen Angriff durch die Mitte an. Wenn der Gegner eine kurze Abwehrreaktion (Schritt in Richtung Ball) zeigte, nahm Matthews plötzlich den Ball mit der Außenseite des rechten Fußes am Gegner vorbei über die Rechtsaußenposition mit. Ein Sprint mit anschließender Flanke oder einem Torschuß schlossen den «Matthews-Trick» ab.

(a) Einen Durchbruch mit der Innenseite des rechten Fußes nach links antäuschen, d.h. den Ball kurz nach links ziehen

(b) Gewicht auf das linke Bein verlagern und den Ball mit der Außenseite des rechten Fußes in einer flüssigen Bewegung nach rechts ziehen

(c) Den Ball mit der Außenseite des rechten Fußes über das linke Bein des Gegners heben (oder flach vorbei spielen)

(d) Dem Ball hinterherstarten und schnell vom Gegner lösen, bzw. zum Flankenlauf ansetzen

Gegner seitlich (180-Grad-Richtungsänderung)

Besonders im Kamm (vgl. S. 116–118) können die Spieler die Richtungsänderung um 180 Grad (Vor-Zurück-Bewegung) häufig üben und automatisieren.

Diese Basisbewegungen sollten sie beherrschen, damit sie in der Lage sind, einen Gegner, der von der Seite angreift und einen Durchbruch verhindert, auszuspielen oder zu verladen.

Zusätzlich verbessern die Spieler ihr Ballgefühl und die Ballkontrolle in schwierigen Spielsituationen. Wenn die Spieler die verschiedenen Basisbewegungen zur 180-Grad-Richtungsänderung beherrschen, sollte der Trainer geeignete Spielsituationen (z. B. einen abgebrochenen Flankenlauf oder einen Angriff von der Seite) vorgeben und üben lassen. Dadurch verbinden die Spieler die Übung mit dem Spiel und sind in der Lage, die gelernten Techniken gegen einen Abwehrspieler anzuwenden.

Der Trainer sollte auch die möglichen Alternativen der Spielfortsetzung ins Trainingsprogramm aufnehmen. So könnte der Dribbler nach der erfolgreichen Finte einen weiteren Spieler anspielen oder das Dribbling fortsetzen und mit einem Torschuß abschließen.

Übungen nach rechts und links

Alle Übungen sollten sowohl mit rechts als auch mit links ausgeführt werden.

Dabei ist es wichtig, daß der Fuß den Ball zurückzieht, der dem Gegenspieler entfernt ist. Greift ein Gegner von der linken Seite an, dann spielt der Dribbler den Ball mit dem rechten Fuß nach hinten.

In den Bildreihen drehen die Spieler jeweils nur in eine Richtung. Die Spieler sollten jedoch beide Richtungen üben und beherrschen, denn der Gegner könnte ja von links oder rechts kommen. Die Angriffsrichtung bestimmt aber das Bein, mit dem der Angreifer den Ball zurückzieht, und seine Drehrichtung.

Kommt ein Angreifer z. B. von der rechten Seite, dann sollte der Spieler den Ball mit dem linken Fuß zurückziehen und sich über die rechte Schulter drehen, damit der Körper den Ball sofort wieder abdeckt (vgl. Bildreihen S. 57/58).

Zurückziehen mit der Sohle

Ein Spieler dribbelt auf eine Markierung zu, tritt kurz auf den Ball und zieht diesen mit der Sohle schnell in die entgegengesetzte Richtung. Dabei dreht er sich schnell und dribbelt zum Ausgangshütchen zurück.

Diese Technik könnte z. B. für einen Außenstürmer wichtig werden, der zu einem Flankenlauf ansetzt und von einem Abwehrspieler hart bedrängt wird.

Der Stürmer führt eine Ausholbewegung zu einer Flanke aus, bricht diese ab, zieht den Ball mit der Sohle nach hinten und startet schnell zurück, um einen Paß zur Seite zu geben, eine Flanke zu schlagen oder sein Dribbling um den am Boden liegenden Abwehrspieler herum mit einem Torschuß abzuschließen.

Diese Art, eine 180-Grad-Drehung mit Ball auszuführen, ist besonders für Anfänger geeignet, da sie dabei den Ball am besten kontrollieren können. Der Trainer sollte seine Spieler anspornen, die Drehung und das Zurückziehen je nach Ausbildungsstand immer schneller auszuführen.

Zurückziehen mit der Sohle – Drehung nach links

(a) Dribbling zum Hütchen, evtl. Schuß antäuschen (hier: Schußfinte mit rechts)

(b) Ball mit der Sohle des rechten Fußes anhalten und Ball zurückziehen

(c) Schnelle Drehung über das Standbein zur linken Seite

(d) Schnell in den Laufrhythmus kommen und zum nächsten Hütchen dribbeln

Zurückziehen mit der Sohle – Drehung nach rechts

(a) Dribbling zum Hütchen, evtl. Schuß antäuschen (hier: Schußfinte mit links)

(b) Ball mit der Sohle des linken Fußes anhalten und Ball zurückziehen

(c) Schnelle Drehung über die rechte Schulter

(d) Schnell in den Laufrhythmus kommen und zum nächsten Hütchen dribbeln

Kappen innen

Das Kappen mit der Innenseite – kurz: *Kappen innen* – ist neben dem Zurückziehen mit der Sohle die einfachste Möglichkeit, den Ball um 180 Grad nach hinten zu ziehen.

Die Spieler dribbeln auf das Hütchen zu, bringen die Innenseite des Fußes hinter den Ball und dribbeln schnell zum Außenhütchen zurück.

Kappen innen – Drehung nach rechts

(a) Dribbling zum Hütchen

(b) Innenseite des linken Fußes hinter den Ball schwingen und den Ball zurückkappen

(c) Bewegung des Körpers abfangen und nach rechts drehen

(d) Laufrhythmus aufnehmen und schnell zum nächsten Hütchen dribbeln

Kappen innen – Drehung nach links

(a) Dribbling zum Hütchen

(b) Innenseite des rechten Fußes hinter den Ball schwingen und den Ball nach links ziehen

(c) Bewegung des Körpers abfangen und nach links drehen

(d) Laufrhythmus aufnehmen und schnell zum nächsten Hütchen dribbeln

Kappen außen

Eine Vor-zurück-Bewegung (180-Grad-Richtungsänderung) kann aber auch mit der Außenseite erfolgen. Diese Technik ist schon etwas schwieriger und erfordert bewegliche Hüft-, Knie- und Fußgelenke.
Dies nennen wir: *Kappen außen*.

Kappen außen – Drehung nach rechts

(a) Dribbling zum Hütchen, evtl. Schußfinte

(b) Außenseite des rechten Fußes hinter den Ball schwingen und Ball nach rechts ziehen

(c) Bewegung des Körpers abfangen und nach rechts drehen

(d) Laufrhythmus aufnehmen und schnell zum nächsten Hütchen dribbeln

Kappen außen – Drehung nach links

(a) Dribbling zum Hütchen, evtl. Schußfinte, Außenseite des linken Fußes hinter den Ball schwingen und Ball nach links ziehen

(b) Bewegung des Körpers abfangen und nach links drehen

(c) Laufrhythmus aufnehmen und schnell zum nächsten Hütchen dribbeln

Schere

Die Schere ist eine Täuschbewegung um den Ball herum. Der Spieler täuscht ein Abspiel mit der Innenseite an, setzt den Fuß ab und nimmt den Ball nach einer schnellen Drehung mit der Innenseite des anderen Fußes zurück in die entgegengesetzte Richtung. Diese Täuschung wird z. B. dann angewendet, wenn ein Abwehrspieler mit einem Gegner, der sich seitlich von ihm befindet, zum Ball sprintet und ein Abspiel zurück zum Torwart oder zu einem anderen Mitspieler antäuscht, um den Ball schert und plötzlich in die entgegengesetzte Richtung wegstartet. Dabei sollte er darauf achten, daß er sich vom Gegner weg und nicht in den Gegner hinein dreht.

Diese Finte sollte aber nur angewendet werden, wenn der Spieler den Bewegungsablauf automatisiert hat und die «**Schere innen-innen**» sicher beherrscht.

Die folgende Bildreihe zeigt diese wichtige Basisbewegung, die sich sehr gut im «Kamm» üben läßt.

Schere innen-innen

(a) Dribbling zum Hütchen, Schuß mit der Innenseite (hier mit rechts) antäuschen und rechten Fuß um den Ball herum schwingen

(b) Rechten Fuß absetzen und linkes Bein um das (rechte) Standbein herum auf den Ball zu schwingen

(c) Ball mit der linken Innenseite in die neue Richtung spielen

(d) Körper in die neue Richtung bewegen und den Ball körpernah führen

(e) Schnelles Dribbling zum nächsten Hütchen

Schere innen-außen

Bei dieser Basistechnik findet kein Beinwechsel statt. Die Schere um den Ball herum und die Fortsetzung des Dribblings werden mit demselben Fuß ausgeführt.

(a) Dribbling zum Hütchen

(b) Schuß mit der Innenseite (hier mit rechts) antäuschen und rechten Fuß um den Ball herum schwingen

(c) Gewicht auf das linke Bein verlagern, dann rechte Außenseite hinter den Ball schwingen

(d) Ball mit der rechten Außenseite zurückspielen

(e) Körper in die neue Richtung bewegen und den Ball körpernah führen. Schnelles Dribbling zum nächsten Hütchen

Schere außen-außen

(a) Dribbling zum Hütchen, Schuß mit der Außenseite (hier mit links) antäuschen und linken Fuß um den Ball herum schwingen

(b) Linken Fuß absetzen und Gewicht auf das linke Bein verlagern

(c) Rechte Außenseite hinter den Ball schwingen

(d) Ball mit der rechten Außenseite zurückspielen und Körper nach rechts bewegen

(e) Den Ball in die neue Richtung spielen und schnell zum nächsten Hütchen dribbeln

Schere außen-innen

Wie bei der *Schere innen-außen* setzt der Dribbler den Täuschfuß ab, spielt den Ball mit demselben Fuß weiter und dribbelt vom Hütchen weg.

(a) Dribbling zum Hütchen

(b) Schuß mit der Außenseite (hier mit links) antäuschen und linken Fuß um den Ball herum schwingen

(c) Erst linken, dann rechten Fuß absetzen und Gewicht auf das rechte Bein verlagern, dann linke Innenseite hinter den Ball schwingen

(d) Ball mit der linken Innenseite zurückspielen

(e) Körper in die neue Richtung drehen und schnell zum nächsten Hütchen dribbeln

Ziehen hinter das Standbein

Die wohl interessanteste Technik, eine Drehung um 180 Grad zu realisieren, zeigt die Bildreihe unten. Der Spieler zieht den Ball mit eingedrehtem Fuß hinter sein Standbein, dreht sich schnell und dribbelt in die entgegengesetzte Richtung. Ein Spieler, der diese Technik in Perfektion zeigte, war **Johann Cruyff**. Er leitete diese spektakuläre Fintierbewegung häufig mit einem angetäuschten Schuß ein.

Der Gegner machte dann einen Schritt in die gewünschte Richtung. Doch plötzlich drehte Cruyff den Fuß nach innen und zog den Ball mit dem vorderen Teil der Fußinnenseite nach hinten. Nach einer schnellen Drehung war der Gegenspieler ausgespielt, weil ihn Cruyff ins Leere laufen ließ. Das Standbein deckt bei dieser Aktion den Ball ab.

Ziehen hinter das Standbein – Drehung nach rechts

(a) Dribbling zum Hütchen und evtl. Schuß antäuschen

(b) Linken Fuß stark nach innen drehen, Spiel- und Standbein sollten gebeugt sein

(c) Ball mit dem vorderen Teil des linken Fußes zurückspielen

(d) Linken Fuß absetzen, Körper nach rechts drehen und Ball mit dem rechten Fuß weiterspielen

Ziehen hinter das Standbein – Drehung nach links

(a) Dribbling zum Hütchen und evtl. Schuß antäuschen

(b) Rechten Fuß stark nach innen drehen, Spiel- und Standbein sollten gebeugt sein

(c) Ball mit dem vorderen Teil des rechten Fußes zurückspielen

(d) Rechten Fuß absetzen, Körper nach links drehen und Ball mit dem linken Fuß weiterspielen

Leotrick

Beim *Leotrick* täuscht der Spieler einen Rückpaß mit der Hacke an, verlangsamt sein Tempo und setzt sein Dribbling schnell fort. Dabei führt er den Täuschfuß über den Ball erst nach hinten und nimmt ihn dann schnell mit dem Spann mit. Durch den deutlichen Tempowechsel wird der Gegenspieler zu einem kurzen Stopp veranlaßt. Der Dribbler nutzt dieses kurze Abbremsen seines Gegenspielers, indem er sich schnell von ihm löst. Diese Finte wenden häufig Spieler an, die sich in der Nähe der Seitenlinie befinden, z. B. Außenstürmer (Bildreihe S. 91).

Gegner im Rücken («GIR»)

Ein Angreifer erwartet den Ball von einem Mitspieler, steht mit seinem Rücken zum Tor und wird von einem Gegenspieler eng gedeckt. Eine sehr unangenehme Situation! Er sieht nicht die Reaktionen seines Kontrahenten und befindet sich in einer extremen Streßsituation. Besonders Jugendspieler werden dann nervös, machen Fehler und verlieren den Ball.

Der Angreifer hat nun vier Möglichkeiten, auf den zugespielten Ball zu reagieren.

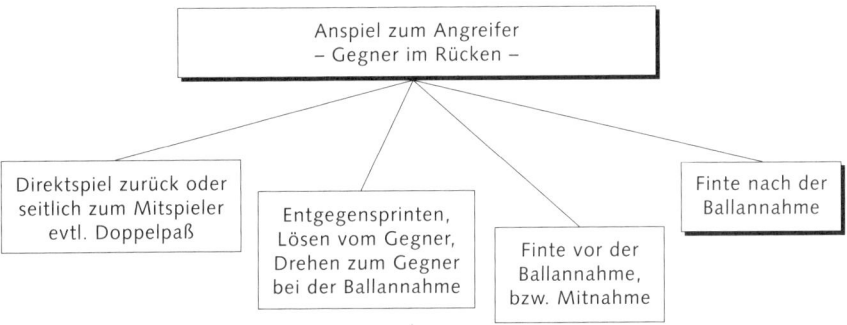

1. Der Angreifer könnte den Ball z. B. direkt zurück oder zur Seite spielen und sich vom Gegner (evtl. unterstützt durch eine Körpertäuschung) lösen und wieder anbieten. Dies kann u. a. zu einem Doppelpaß führen. Sehr wirkungsvoll ist ein verdecktes Abspiel, bei dem es sehr schwer für den Abwehrspieler wird, den Ball zu erobern.
2. Er könnte auch dem Ball entgegensprinten, sich vom Gegner lösen und bei der Ballannahme zum Gegenspieler drehen. Dann folgt ein Dribbling frontal zum Gegner. Eine Körpertäuschung vor dem Sprint könnte den Gegenspieler in die Irre führen und einen kleinen zeitlichen Vorsprung verschaffen (vgl. Bildreihe S. 70).

Drehung bei der Ballannahme:

(a) Ausfallschritt mit rechts, um den Gegner abzuhängen, und dem Ball entgegensprinten

(b) Drehung um das Standbein (hier: rechtes Bein) und gleichzeitig Ballannahme

(c) Fortsetzung der Drehung um das rechte Bein mit gleichzeitiger Ballannahme

(d) Ziehen des Balles mit dem linken Fuß bei der Drehung zum Gegner

(e) Ausspielen des Gegners, der sich nun vor dem Angreifer befindet

3. Sehr wirkungsvoll und erfolgversprechend sind Finten (z. B. der Ausfallschritt) vor der Mitnahme des zugespielten Balles (vgl. Fotos S. 71/72). Der Gegner wird zur falschen Seite gelockt, der Angreifer nimmt den Ball flüssig mit in die entgegengesetzte Richtung. Dabei sollte er darauf achten, daß ihm der Ball nicht wegspringt. Die Gefahr besteht besonders dann, wenn der Ball sehr scharf zugespielt wird. Die Mitnahme sollte möglichst verdeckt und körpernah erfolgen, der Gegner sollte durch den Körper abgeblockt und der Ball vor einem Eingriff geschützt werden.

(a) Ausfallschritt mit links, um den Gegner abzuhängen

(b) Ball abschirmen

(c) Ball direkt in den Lauf mitnehmen und vor dem Gegenspieler abschirmen

(d) Den Laufrhythmus finden und einen Torschuß oder Paß anschließen

Direkte Mitnahme mit der Außenseite

Der Spieler schirmt den herankommenden Ball mit seinem Körper ab und nimmt ihn mit der Außenseite des rechten Fußes direkt mit in den Lauf.

(a) Hier noch einmal die Phase kurz vor der Mitnahme mit der Außenseite des rechten Fußes

(b) Es folgt der Sprint zum Tor oder auf den Flügel

Direkte Mitnahme mit der Außenseite (Ansicht von der Seite)

(a) Ball konzentriert beobachten und Position auf den Ball ausrichten, Ball mit der Außenseite des rechten Fußes mitnehmen und den Körper nach rechts drehen

(b) Drehung beenden und den Ball in Körpernähe behalten

(c) Schnell in die neue Richtung starten

4. Häufig passiert es jedoch, daß ein Angreifer den Ball plötzlich am Fuß hat und von einem Gegner, der sich hinter ihm befindet, angegriffen wird. Dann sollte er den Ball mit seinem Körper abschirmen, eine Einfach- bzw. Doppeltäuschung anwenden und am Abwehrspieler vorbeidribbeln (vgl. Fotos unten). Die Täuschung kann auch durch eine langsame Ballführung eingeleitet werden, damit der Gegner aus seiner stabilen Position in eine Laufbewegung gelockt wird. Damit wird eine plötzliche Richtungsänderung noch überraschender für ihn.

(a) Den zugespielten Ball annehmen und vor dem Gegenspieler abschirmen

(b) Eine Täuschbewegung anschließen (hier: die «Schere innen-innen»)

(c) Gegner verladen und ausspielen, schnell vom Gegner wegdribbeln

Um die Situation *Finte nach der Ballannahme* erfolgreich bestehen zu können, sollte der Spieler bestimmte Basisbewegungen lernen, die ihn in die Lage versetzen, mit dem Ball auch in Bedrängnis kontrolliert zu dribbeln, den Blick vom Ball zu nehmen und die Reaktionen des Gegenspielers zu beobachten, auch wenn dieser sich hinter ihm befindet.

Ausfallschritt

Ausfallschritt außen-außen

(a) Der Dribbler macht einen Ausfallschritt mit dem linken Fuß nach links, der Gegner reagiert in dieselbe Richtung

(b) Linken Fuß absetzen und rechten Fuß hinter den Ball schwingen

(c) Ball mit dem rechten Fuß zur rechten Seite ziehen und Körper in die neue Richtung drehen

(d) Schnell vom Gegner lösen

Ausfallschritt außen-innen

(a) Ausfallschritt mit dem linken Fuß nach rechts

(b) Linken Fuß absetzen und den Ball mit der Innenseite desselben Fußes nach rechts spielen

(c) Körper zwischen Ball und Gegner bringen

(d) Schnell vom Gegner lösen

Ausfallschritt innen-außen

(a) Der Körper schirmt den Ball vor dem Gegenspieler ab

(b) Der rechte Fuß macht einen Ausfallschritt, der Gegner reagiert mit einem Schritt zur Seite

(c) Das linke Bein des Angreifers fängt die Bewegung ab, und die Außenseite des rechten Fußes spielt den Ball in die entgegengesetzte Richtung

(d) Schnell vom Gegner lösen

Ausfallschritt innen-innen

(a) Der Körper schirmt den Ball vor dem Gegenspieler ab, das rechte Bein täuscht einen Paß oder einen Durchbruch zur linken Seite an

(b) Der rechte Fuß macht einen Ausfallschritt, der Gegner reagiert mit einem Schritt zur Seite

(c) Das linke Bein des Angreifers fängt die Bewegung ab, und die Innenseite des linken Fußes spielt den Ball in die entgegengesetzte Richtung

(d) Schnell vom Gegner lösen

Übersteiger

Übersteiger außen-außen

(a) Der linke Fuß schwingt über den Ball

(b) Linken Fuß absetzen und den Ball vor dem Gegenspieler abschirmen

(c) Körper drehen und den Ball mit der Außenseite des rechten Fußes um das Standbein (linkes Bein) herumspielen

(d) Den abgeschirmten Ball in die neue Richtung spielen und schnell vom Gegner wegdribbeln

Übersteiger außen-innen (Mitnahme mit der Innenseite)

(a) Körper drehen und den Ball mit der Innenseite des linken Fußes um das Standbein (rechtes Bein) herumspielen

(b) Den abgeschirmten Ball in die neue Richtung spielen und schnell vom Gegner wegdribbeln

Übersteiger innen-außen

(a) Der linke Fuß schwingt mit der Innenseite über den Ball

(b) Linken Fuß absetzen und den Ball vor dem Gegenspieler abschirmen

(c) Körper drehen und den Ball mit der Außenseite des rechten Fußes um das Standbein (linkes Bein) herumspielen

(d) Den abgeschirmten Ball in die neue Richtung spielen und schnell vom Gegner wegdribbeln

Übersteiger innen-innen

(a) Mit der Innenseite des rechten Fußes über den Ball steigen

(b) Rechten Fuß absetzen und den linken Fuß am rechten Bein vorbei schwingen

(c) Linken Fuß absetzen und das Gewicht auf das rechte Bein verlagern

(d) Das linke Bein nach rechts drehen, den Ball in die neue Richtung spielen und vom Gegner wegdribbeln

Schere

Schere außen-außen

(a) Den Ball vor dem Gegner abschirmen

(b) Den linken Fuß um den Ball schwingen

(c) Linken Fuß absetzen und das Gewicht auf den linken Fuß verlagern, gleichzeitig den Ball mit der Außenseite des rechten Fußes mitnehmen. Ein Dribbling vom Gegner wegstarten

Schere außen-innen

(a) Ball vor dem Gegner schützen

(b) Linkes Bein um den Ball herum nach links schwingen, um einen Durchbruch nach links anzutäuschen

(c) Linken Fuß absetzen, das Gewicht auf den rechten Fuß verlagern und den Ball mit der Innenseite des linken Fußes mitnehmen

(d) Schnell vom Gegner wegstarten

Schere innen-außen

(a) Eine Scherbewegung um den Ball mit dem rechten Fuß ausführen

(b) Rechten Fuß absetzen und das Gewicht auf das linke Bein verlagern

(c) Ball mit der Außenseite des rechten Fußes nach rechts spielen

(d) Schnell vom Gegner wegdribbeln

Schere innen-innen

(a) Einen Schuß oder Durchbruch mit dem rechten Bein antäuschen

(b) Mit der Innenseite des rechten Fußes um den Ball herum schwingen

(c) Rechten Fuß absetzen und das linke Bein um den rechten Fuß herum schwingen

(d) Ball mit der Innenseite des rechten Fußes mitnehmen und vom Gegner wegstarten

Basisbewegungen in der Praxis

Die Spieler sollten häufig Gelegenheit bekommen, die gelernten Techniken auch in kleinen Parteispielen (bis 5 gegen 5) und vom Trainer vorgegebenen Spielsituationen anzuwenden. Die kreative Anwendung schwieriger Techniken in Spielsituationen mit aktiven Gegenspielern erfordert ein größeres Repertoire verschiedener Bewegungen, jedoch erst die Einbindung einfacher Basisbewegungen in komplexere Übungen schafft die Grundlage für einen Lernprozeß, der den Spielern die spätere Anwendung im Wettkampf ermöglicht.

Parteispiele

Die Spiele 1 gegen 1, 2 gegen 2 oder Unterzahlspiele (z. B. 2 gegen 3) provozieren Dribblings mit Fintierbewegungen. Dies findet man schon immer in Trainingsprogrammen der Jugendtrainer. Doch eines hat man häufig vergessen:

Wie soll ein Spieler in einem Parteispiel eine 1-gegen-1-Situation bestehen, ohne jemals die dazu erforderlichen technischen Möglichkeiten gelernt zu haben?

Das Ergebnis ist eher zufällig. Nur Spieler mit außergewöhnlichem Talent oder guten Beobachtungs- und Nachahmungsfähigkeiten werden den Zweikampf gegen einen hart attackierenden Gegenspieler bestehen können.

Alle übrigen Spieler sind hoffnungslos überfordert, weil sie die notwendigen Hilfsmittel wie Finten und körpernahes, kontrolliertes Dribbling nicht beherrschen. Häufig fehlt ihnen sogar das nötige Ballgefühl. Der Gegner braucht also nur abzuwarten, bis ein technischer Fehler (z. B. Ball zu weit weg vom Fuß!) passiert, und dazwischenzugehen. Dann hat er den Ball erobert.

Frust ist bei den Angreifern vorprogrammiert, die «Zerstörer» werden aufgebaut und bestätigt.

Anders sieht es aus, wenn die Spieler in einigen Trainingseinheiten verschiedene Fintierbewegungen gelernt haben. Dann stellen kleine Parteispiele ein hervorragendes Lernfeld dar.

1 gegen 1 als Linienspiel

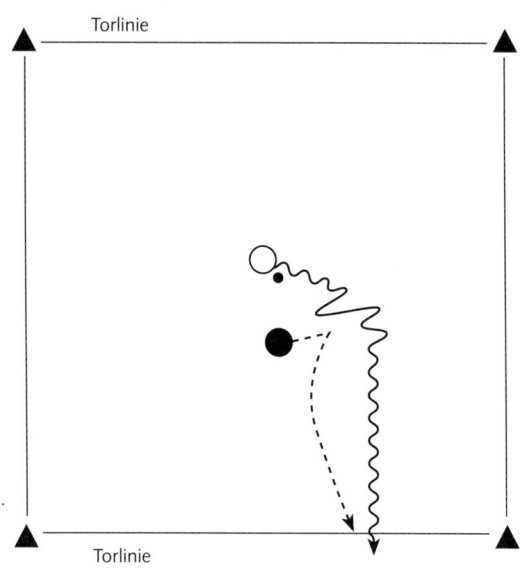

Spielregeln:

In einem Quadrat von 10 mal 10 Metern spielen zwei Spieler 1 gegen 1. Das Tor ist die gesamte Linie zwischen den beiden Hütchen auf der Gegenseite.

Ein Tor ist dann erzielt, wenn der Angreifer den Gegenspieler ausgespielt hat und über die Linie dribbelt. Der Abwehrspieler erhält dann den Ball und wird selbst zum Angreifer.

Die Spielzeit sollte nicht zu lang sein (max. 1 Minute), damit die Spieler nicht zu stark ermüden. Ein Wechsel von Spielen und Pausenübungen (wie z. B. Jonglieren) schafft die nötigen Erholungsphasen.

2 gegen 2 als Linienspiel

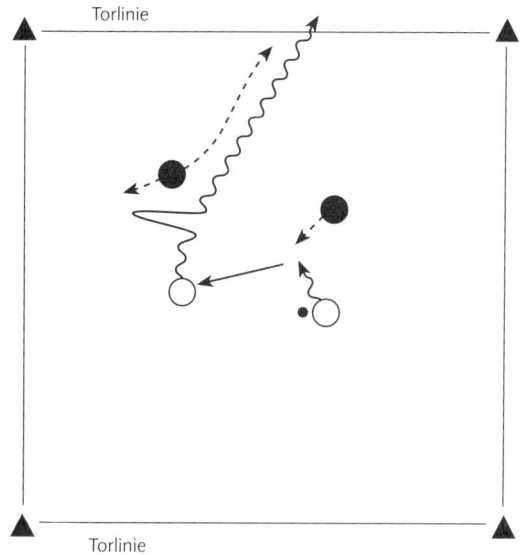

Das Spiel 2 gegen 2 über zwei Linien hat mehr Varianten, denn die beiden Spieler einer Mannschaft können neben dem Dribbling auch noch das Zusammenspiel mit einem Partner suchen. Dennoch gibt es viele Zweikampfsituationen, in denen die Angreifer das Gelernte ausprobieren und anwenden können.

Weitere Spiele:
1 gegen 2; 2 gegen 3; 3 gegen 3; 3 gegen 4;
Wenn ein Angreifer eine 1-gegen-2-Situation vor dem Strafraum erfolgreich besteht und sogar noch mit einem Tor abschließt, dann war auch das Dribbeltraining erfolgreich.

**4 gegen 4
auf zwei Tore
mit zwei Torhütern**

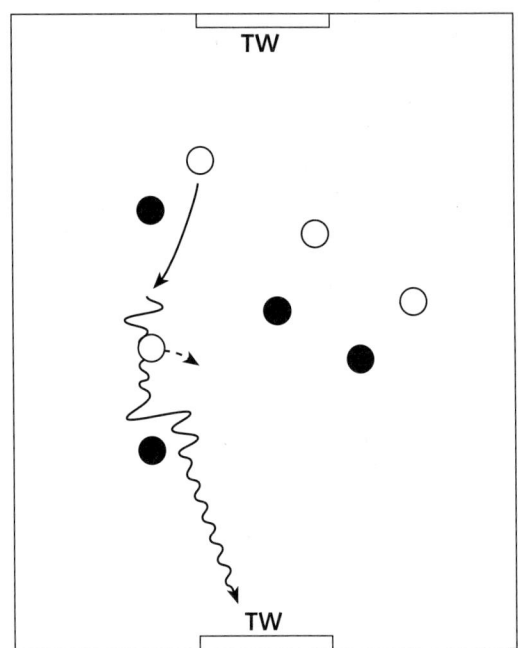

- Zwei Jugendtore stehen ca. 20 Meter entfernt gegenüber.
- Zusätzlich zum fest installierten großen Tor wird ein fahrbares Tor 30 m entfernt aufgestellt.

Eine Mannschaft besteht aus einem Torwart und vier Feldspielern. Auf engem Raum haben die Spieler ausreichend Gelegenheit, die gelernten Finten anzuwenden, um in Schußposition zu gelangen. In diesem Spiel wechseln schnelles Paßspiel und Zweikämpfe ab. Der Trainer kann durch die Aufgabenstellung den Charakter des Spieles bestimmen. Z. B. könnten Tore nach einem erfolgreichen Dribbling, gewonnenen Zweikampf oder einem Doppelpaß doppelt zählen.

Anwendung in Spielsituationen

Damit die Spieler nicht nur Übungsweltmeister werden, sondern erfolgreiche Dribbler im Spiel, sollten sie die gelernten Basisbewegungen nicht nur in geschlossenen Organisationsformen, wie *Zick-Zack* oder *Achterdribbling* geübt, sondern schon sehr früh auch in Spielsituationen angewendet haben.

Den Spielern sollte von Anfang an klar sein, warum sie diese Basistechniken «im Schlaf» beherrschen sollten. Nach einer intensiven Übungsphase sollte der Trainer seinen Spielern auch immer Raum für die kreative Anwendung der gelernten Techniken bieten. Dazu ist es sinnvoll, die Spieler zu ermutigen, die Basisbewegungen in den Organisationsformen selbst zu variieren und zu kombinieren.

Das Kombinieren von Finten kann aber auch isoliert geübt werden, damit den Spielern klar wird, welche Finten hintereinander geschaltet werden können.

Häufig reicht eine einzige Finte nicht aus, den Gegner ins Leere zu schicken. Dann hängt der Spieler einfach eine zweite an und geht als Sieger aus der Zweikampfsituation hervor.

Eine kleine Auswahl der Möglichkeiten finden Sie in den folgenden Bildreihen.

Gegner seitlich

Doppelkappen

(a) Schnelles Dribbling zur Grundlinie, Gegner abschirmen, der parallel mitläuft

(b) Tempo verringern und zu einer Kappbewegung zurück ausholen

(c) Ball mit der linken Innenseite des linken Fußes zurückkappen und Gewicht auf das rechte Bein verlagern

(d) Gewicht auf das linke Bein legen und Ball mit der rechten Innenseite hin zur Grundlinie kappen

Leotrick

(a) Dribbling zur Grundlinie, Gegner abschirmen, der parallel mitläuft

(b) Tempo verringern und ein Abspiel mit der Hacke nach hinten antäuschen

(c) Hacke hinter den Ball führen

(d) Den Ball mit dem Spann nach vorne spielen und schnell vom Gegner wegstarten

Gegner frontal

Matthews-Trick und Schere außen-außen

(a) Zum Hütchen, bzw. auf einen Gegenspieler zudribbeln, den Ball kurz mit der Innenseite des rechten Fußes nach links ziehen («Matthews-Trick» andeuten)

(b) Zu einer Schere mit der rechten Außenseite ausholen

(c) Rechten Fuß um den Ball scheren

(d) Rechten Fuß absetzen und Ball mit der linken Außenseite nach links spielen

(e) Ball mit der Innenseite des linken Fußes nach vorne spielen und vom Hütchen (Gegenspieler) wegsprinten

Sohlentrick und Ziehen hinter das Standbein

(a) Einen Schuß antäuschen, um den Gegner zu einer Abwehrreaktion zu veranlassen

(b) Ball mit der Sohle des Schußbeines (hier: rechts) festhalten

(c) Ball mit der Sohle des rechten Fußes zurückziehen

(d) Ball mit der Innenseite zur Seite spielen und einen Durchbruch zur Seite antäuschen

(e) Gegner zur Seite locken

(f) Schuß mit dem rechten Bein antäuschen und Gegner zu einer Abwehrreaktion veranlassen

(g) Rechten Fuß stark nach innen drehen und mit dem vorderen Teil des Fußes nach hinten ziehen

(h) Ball hinter dem Standbein nach links ziehen und Gegner ins Leere laufen lassen. Schnell vom Gegner wegstarten

Gegner im Rücken

Schere innen-innen und Ziehen hinter das Standbein

(a) Schere mit der Innenseite des rechten Fußes ausführen, rechten Fuß absetzen

(b) Linken Fuß absetzen und Gewicht auf das rechte Bein verlagern

(c) Scherbewegung mit der Innenseite des linken Fußes ausführen

(d) Linken Fuß absetzen

(e) Körper drehen und Ball mit der Innenseite des rechten Fußes nach links spielen

(f) Einen Schuß mit dem rechten Bein antäuschen

(g) Rechten Fuß plötzlich stark nach innen drehen und Ball mit dem vorderen Teil des Fußes zurückziehen

(h) Ball hinter das Standbein ziehen und Körper zwischen Ball und Gegner bringen

(i) Schnell vom Gegner wegstarten

Schere innen-außen und Kappen innen

(a) Schere mit der Innenseite des rechten Fußes ausführen, rechten Fuß absetzen, linken Fuß nachstellen und Gewicht auf das linke Bein verlagern

(b) Scherbewegung mit der Außenseite des rechten Fußes ausführen

(c) Rechten Fuß absetzen und Gewicht auf das linke Bein verlagern, Ball vor dem Gegner abschirmen

(d) Ball mit der Innenseite des rechten Fußes vom Körper abgedeckt am Gegner vorbei spielen

(e) Schnell vom Gegner wegsprinten

Organisationsformen

Großgruppentraining

Als ich vor einigen Jahren anfing, die Inhalte des «**Schalker Basistrainings**» in Fortbildungen und Seminaren zu erklären, begann ich auch die große Anzahl der Organisationsformen zu systematisieren. Viele dieser Organisationsformen und die damit verbundenen technischen Elemente waren von den berühmten Videos von **Wiel Coerver** abgeleitet.

Eine Organisationsform hat mich sehr lange beschäftigt, und ich brauchte auch sehr viel Zeit, um diese zu verstehen. Sechzehn Kinder dribbelten nach einem bestimmten System in einer unübersichtlichen Organisationsform, nachdem sie an vier Punkten gestartet waren. Es war eine «Zick-Zack»-Form, in der die Kinder nach vorgegebenen Laufwegen dribbelten.

Diese Übung nannte ich damals «*Großgruppentraining*», da die Spielerzahl fast beliebig groß sein kann. Je mehr Kinder beteiligt sind, desto mehr Hütchen kommen zum Einsatz, damit kein Spieler lange warten muß.

Die Möglichkeiten des *Zick-Zack* sind jedoch begrenzt, da die Winkel immer gleich sind.

Was ist aber mit der *Vor-und-zurück-Bewegung*, mit der *180-Grad-Drehung*?

Während eines Basistrainings kam mir die Idee, die Hütchen anders zu legen, so daß diese 180-Grad-Drehung in Häufigkeit gefordert wird. Diese neue Organisationsform habe ich *Kamm* genannt, weil sie auf meinen Zeichnungen Ähnlichkeit mit einem Kamm hatte. Diese Form erfordert eigene Techniken, z. B. die *Schere innen-innen* oder das *Ziehen hinter das Standbein*. Der *Kamm* ist noch heute die Lieblingsübung vieler Kinder.

Nach weiteren Experimenten mit neuen Formen, neuen Winkeln und neuen Endlosübungen entstanden der *Tannenbaum*, der *Blitz* und nicht zuletzt das *Achterdribbling*.

Methodische Besonderheiten

• **Vor dem Hütchen wenden**
Die erste Anweisung an die Spieler lautet: «Wende immer vor dem Hütchen!»
Diese Regel wird besonders dann wichtig, wenn viele Spieler üben, z. B. im *Vierer-Zick-Zack* oder *Vierer-Kamm*, denn dann kann es in der Mitte zu Zusammenstößen kommen. So gibt es jeweils nur Begegnungen an den Hütchen, die auch gewollt sind.

• **Erst Laufwege sichern.**
Jede neue Großgruppenübung stellt erst einmal eine große Herausforderung an die Orientierung der Kinder. Sie sollten zuerst innerhalb der vielen ausgelegten Hütchen die Laufwege verstanden haben, bevor sie spezielle Techniken üben.
Im ersten Schritt zu einer neuen Großgruppenübung laufen die Spieler die neue Organisationsform erst mit Ball in der Hand oder ohne Ball ab. Damit ist sichergestellt, daß sie sich auf den Weg konzentrieren können.
Der Trainer sollte nicht lange erklären und beschreiben, sondern entweder einen Spieler vorlaufen lassen, dem er den Weg vorher erklärt hat, oder selbst vorlaufen.
In der zweiten Stufe sollten sie dann frei und ohne Technikvorgabe mit dem Ball dribbeln.
Starke Spieler experimentieren und zeigen dem Trainer verschiedene Techniken.
Anfänger wenden eine einfache Technik an und sind froh, wenn sie den Weg sicher ablaufen können. Wenn die Spieler die Laufwege sicher beherrschen, sollten die verschiedenen Techniken gezielt geübt werden, erst dann kommen Aufgaben, Techniken, Technikkombinationen und kreative Anwendung.

• **Aufwärmprogramm oder Hauptteil?**
Die Großgruppenübungen sind im Aufwärmprogramm genauso wertvoll wie im Hauptteil einer Trainingseinheit. Während beim Aufwärmen eher bekannte Bewegungen in gemäßigtem Tempo ausgeführt werden, könnte der Trainer im Verlauf des Trainings neue Bewegungen vorstellen oder bekannte Basisbewegungen im Wettkampftempo ausführen lassen.
Sollen Techniken wiederholt oder eingeschliffen werden, dann dribbeln die Spieler sofort weiter, wenn sie am Ausgangshütchen angelangt sind.
Der Trainer kann dabei die Techniken, die angewendet werden sollen, laut ausrufen.
Die Spieler hören die Anweisungen und schalten sofort auf die vom Trainer geforderte Technik um.
Beim Einüben neuer Techniken ist es ratsam, eine Runde zu üben, dabei Hinweise oder Korrekturen an Spieler oder die Gruppe zu geben, um dann eine weitere Runde mit der neuen Technik zu üben.

- **Die Großgruppenübungen eignen sich zum:**
- **Aufwärmen**
- **Erlernen und Automatisieren von Basisbewegungen:**
Dribblings mit links und rechts, Richtungsänderungen und Drehungen mit Ball, spezielle Fuß- und Beinbewegungen, Finten für unterschiedliche Spielsituationen.
- **Motivierenden Lauftraining**

Zick-Zack

Der *Zick-Zack* bietet auf einfache Art und Weise die Möglichkeit, wichtige Basisbewegungen einzuüben. Er ist die einfachste Organisationsform aus dem Bereich der Großgruppenübungen.

Mit wenigen Hütchen kann man so ein sehr effektives Dribbeltraining organisieren. Allein die verschiedenen Möglichkeiten, die Hütchen auszulegen, bieten viele Variationen mit unterschiedlichen Winkeln und Abständen.

Grundelement Zick-Zack:

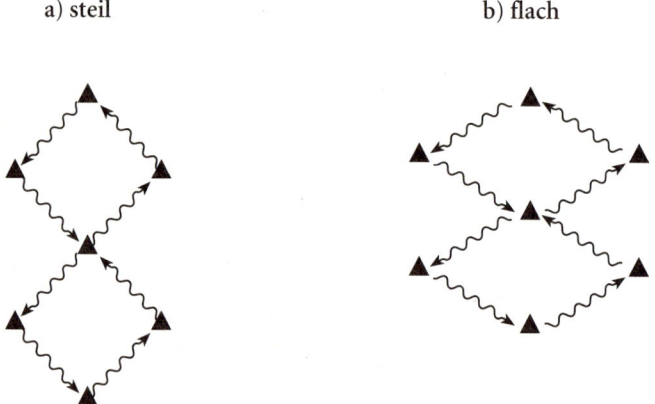

a) steil   b) flach

Durch die unterschiedlichen Winkel ändern sich auch die Art und der Schwierigkeitsgrad der Techniken, die dort möglich sind.

Die Abstände zwischen den Hütchen sollte der Trainer auf die Fähigkeiten der Spieler und das Trainingsziel zuschneiden.

F-Junioren benötigen einen geringeren Abstand als D-Junioren. Doch wenn der Trainer möchte, daß die Spieler die Basisbewegungen aus einem längeren Andribbeln mit höherem Tempo ausführen, dann legt er die Hütchen einfach weiter auseinander.

Zweier-Zick-Zack

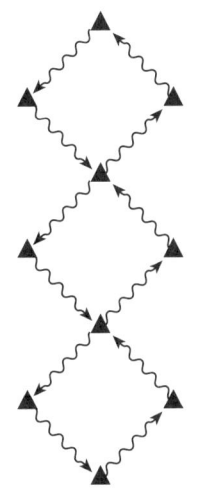

Der *Zweier-Zick-Zack* hat eine Startposition und einen Wendepunkt:

Mit sieben Hütchen lassen sich im *Zweier-Zick-Zack* problemlos acht Spieler gezielt trainieren.

Der *Zick-Zack* kann aber auch verlängert werden, so daß die Spieler mehrere Hütchen ansteuern, bis sie die Wendemarke erreicht haben.

Ebenso leicht läßt sich die Entfernung der Hütchen variieren.

Vierer-Zick-Zack

Die wichtigste Organisationsform ist der *Vierer-Zick-Zack*. Hier gibt es zwei Start- und zwei Wendepunkte.

Die Dribbler begegnen sich an mehreren Punkten innerhalb dieser Form und werden somit gezwungen, den Kopf hochzunehmen und die übrigen Dribbler zu beobachten.

Die Spieler dribbeln und drehen mit links und rechts.

Sechser-Zick-Zack

Eine Schulklasse mit 30 Kindern kann im *Sechser-Zick-Zack* problemlos gemeinsam üben. Die unterschiedliche Leistungsstärke der Kinder bringt keine Probleme, wenn der Lehrer den stärkeren Schülern eine schwierigere Technik vorgibt als den Anfängern.

Einige Schüler könnten kappen, während andere zum Beispiel eindrehen.

In Fußballschulen habe ich den *Zick-Zack* schon mehrmals mit 120 Kindern gleichzeitig vorgeführt. Auf einer Fläche von der Mittellinie bis zur Seitenlinie und vom Strafraum zum nächsten Strafraum haben Kinder im Alter von 8 bis 14 Jahren zahlreiche Techniken auf Zuruf vorgeführt. Die Eltern konnten sich selbst davon überzeugen, daß ihre Kinder in drei Tagen viel gelernt hatten und dies auch sehr diszipliniert in einer Riesengruppe zeigten.

Ablauf

In der Praxis hat sich folgender methodischer Ablauf bewährt:

1. **Laufwege – Ball in der Hand:**
   Die Kinder laufen die neue Organisationsform erst einmal ab, um die Wege kennenzulernen.
2. **Laufwege – Ball am Fuß:**
   Im zweiten Schritt dribbeln sie mit dem Ball mit beliebiger Technik.
3. **Kappen innen:**
   Die einfachste Richtungsänderung im *Zick-Zack* ist das Kappen mit der Innenseite mit links und rechts. Anfänger setzen erfahrungsgemäß diese Technik schnell um.
4. **Kappen außen:**
   Nach dem *Kappen innen* lernen die Kinder das *Kappen außen*, jeweils mit beiden Füßen.
5. **Kappen innen und außen im Wechsel:**
   Etwa gleich schwierig ist der Wechsel von innen nach außen, d. h. das Kappen mit einem Fuß, einmal mit links, dann mit rechts.
   Die Kinder beginnen mit ihrem stärkeren Fuß, müssen jedoch auch den schwächeren trainieren.

6. **Ausfallschritt / Übersteiger / Schere:**
   Wenn die Kinder das Kappen mit der Außenseite beherrschen, werden sie sehr schnell den Ausfallschritt anwenden können.
   Die Erweiterung auf den Übersteiger und die Schere stellt dann keine große Hürde mehr dar, denn die Unterscheidung ergibt sich lediglich durch die Fuß- und Beinbewegung.
   Beim Ausfallschritt wird der Fuß am Ball vorbei geführt, beim Übersteiger über den Ball und bei der Schere um den Ball herum.
7. **Eindrehen innen:**
   Eine der wichtigsten Basisbewegungen im Grundlagentraining ist das *Eindrehen* mit der Innenseite. Das Eindrehen kann auch mit einem Doppelkappen verglichen werden. Es wird nur gegen die Laufrichtung ausgeführt. Wenn der Spieler also nach links abbiegen möchte, dann dreht er sich rechts herum und umgekehrt. Das *Eindrehen innen* kann auch durch eine Auftaktbewegung eingeleitet werden (vgl. S. 49).
8. **Eindrehen außen:**
   Fortgeschrittene wenden gerne das Eindrehen mit der Außenseite an, das den Anfängern noch etwas Probleme bereitet. Das *Eindrehen außen* kann ebenfalls durch eine Auftaktbewegung eingeleitet werden (vgl. S. 52).
9. **Sohlentrick:**
   Der Sohlentrick kann im *Zick-Zack* sehr gut automatisiert werden.
   Der Dribbler zieht den Ball mit der Sohle zurück und startet mit diesem zur Seite weg auf das nächste Hütchen zu. Die Mitnahme kann mit der Innenseite oder mit dem Spann erfolgen.
10. **Ziehen hinter das Standbein:**
    Die schwierigste Technik des Grundlagentrainings im *Zick-Zack* ist das *Ziehen hinter das Standbein*.
    Dabei zieht der äußere Fuß den Ball zurück und führt diesen hinter dem Standbein auf das nächste Hütchen zu. Wenn der Spieler also nach links abbiegen möchte, dann zieht er den Ball mit dem rechten Fuß nach hinten und dann am Standbein vorbei nach links.
11. **Kombination verschiedener Techniken:**
    Wenn all diese Techniken geübt sind, dann kann der Trainer verschiedene Kombinationen vorgeben, z. B. könnten die Spieler zwischen *Kappen innen* und *Eindrehen innen* abwechseln. Dabei müssen sie die Richtungsänderung immer mit demselben Fuß ausführen. *Kappen innen* mit dem rechten Fuß, dann am nächsten Hütchen *Eindrehen innen* mit links.
    Eine zweite Möglichkeit wäre die Kombination aus *Ausfallschritt außen-außen* und *Sohlentrick*.
    Die Kinder können aber auch selbständig verschiedene Techniken kombinieren.

Der Tannenbaum

Kreative Dribbler haben ein großes Repertoire an Finten und Alternativbewegungen. Schon im Grundlagentraining sollten die Spieler zahlreiche Bewegungen auf vielseitige Art und Weise lernen und in verschiedenen Organisationsformen automatisieren.

Der *Tannenbaum* hat andere Winkel und somit neue Möglichkeiten, Drehungen und Richtungsänderungen mit Techniken auszuführen, die anders ablaufen als im *Zick-Zack*.

Grundelement Tannenbaum

Der *Tannenbaum* schafft ebenso wie der *Zick-Zack* den Rahmen für ein motivierendes Dribbeltraining. Er bietet dem Trainer die Möglichkeit einer gezielten Trainingssteuerung. Alle Spieler sind ständig in Bewegung, haben sehr viele Ballkontakte und üben systematisch neue Bewegungen.

Damit verbessern sie auf eine ökonomische Art und Weise ihr Ballgefühl.

Mit dieser zweiten Organisationsform kann der Trainer Basisbewegungen abwechslungsreich üben lassen. Er hat alle Spieler im Blickfeld, kann motivieren und korrigieren und somit Lernprozesse gezielt in Gang setzen.

Der Trainer legt die Markierungshütchen aus, wie in den Zeichnungen auf S. 106 zu sehen ist. Mit sechs Hütchen läßt sich das Grundelement aufbauen, in dem zwei bis vier Spieler üben können.

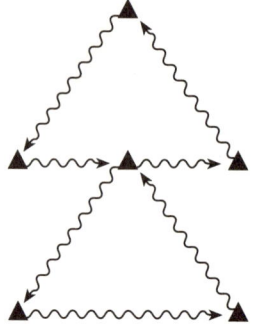

Grundelement *Tannenbaum steil*   Grundelement *Tannenbaum flach*

Zweier-Tannenbaum

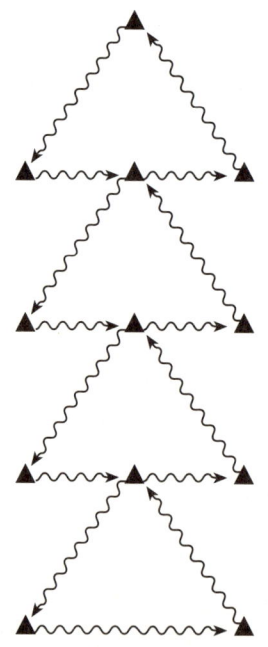

Man kann das Grundelement auch beliebig verlängern, so daß die Spieler mehrere Hütchen ansteuern, bis sie die Wendemarke erreicht haben.

In der ersten Reihe des Tannenbaumes liegen zwei Hütchen.

Es folgen 3 Hütchen in den nächsten Ebenen.

Am Ende liegt das Wendehütchen, die Spitze des *Tannenbaumes*.

Der Abstand der beiden Starthütchen beträgt ca. 6–10 m.

Die Entfernung der Hütchen sollte auf die Altersstufe der Kinder angepaßt werden.

Je älter die Kinder sind, desto größer werden die Abstände.

Das Dribbeltempo sollte ständig gesteigert werden.

Laufwege:
Die Spieler starten unten rechts und dribbeln diagonal zur Mitte, dann nach außen, diagonal zur Mitte, nach außen usw., bis sie am Wendehütchen angelangt sind.

Damit die Spieler beide Beine gleich trainieren, sollten sie auch auf der linken Seite starten.

Im *Zweier-Tannenbaum*, in dem bis zu 8 Spieler üben können, gibt es einen Start- und einen Wendepunkt.

Vierer-Tannenbaum

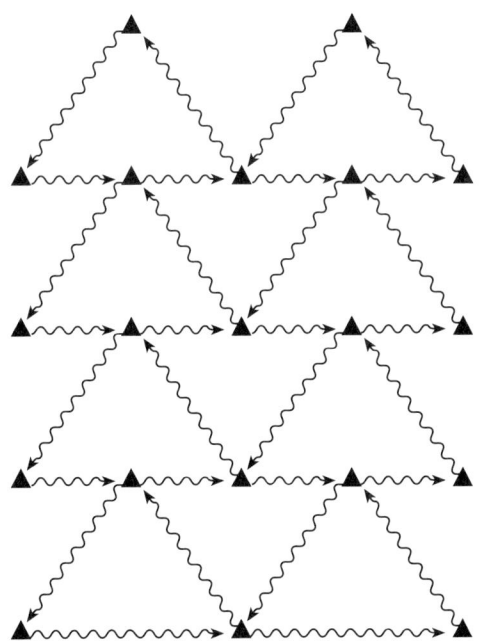

Der Vierer-Tannenbaum bietet sich für größere Gruppen an und ist somit für eine komplette Mannschaft gedacht. Der **Vorteil** besteht darin, daß sich die Spieler sehr häufig an den mittleren Hütchen begegnen. Sie sollten den Kopf heben, damit sie nicht in die Bahn des Spielers auf der anderen Seite des Hütchens kommen.

Je nach Technikvorgabe dribbeln sie mit links oder rechts und drehen links oder rechts herum.

Techniken im Tannenbaum

Abbiegen in Laufrichtung:

Die Richtungsänderung zur Mitte, *ohne* Drehung gegen die Laufrichtung, läßt sich am besten mit folgenden Techniken ausführen: *Kappen innen, Kappen außen, Ausfallschritt/Übersteigen/Schere (außen-außen)* und *(außen-innen)*:

Ausfallschritt am Außenhütchen

Ball mit der Außenseite zur Mitte mitnehmen

Drehungen gegen die Laufrichtung:

Die Spieler können aber auch gegen die Laufrichtung drehen (*Eindrehen innen*). Sie lernen, sich nach einer Drehung schnell zu orientieren, den Ball geschickt vor einem angreifenden Gegenspieler abzuschirmen, und sie verbessern ihr Ballgefühl.

Zum Außenhütchen dribbeln

Ball mit der Innenseite eindrehen

Ball ein zweites Mal herumkappen

Das Eindrehen kann auch durch eine Schere in die Laufrichtung eingeleitet werden.
　Ebenso bietet sich an dieser Stelle des Tannenbaumes das «Eindrehen außen» an.
　Am Außen- und Mittelhütchen sind die unten aufgeführten Basisbewegungen möglich.
　Von Hütchen zu Hütchen wechselt der Fuß, der die Richtungsänderung durchführt.
　Wenn der Spieler am ersten Mittelhütchen *Eindrehen innen* mit rechts ausführt, muß er am nächsten Außenhütchen mit links (innen) eindrehen.

Technikkombinationen

Außenhütchen	Mittelhütchen
Kappen innen	Kappen innen
Kappen außen	Kappen außen
Eindrehen innen	Eindrehen innen
Eindrehen außen	Eindrehen außen
Ausfallschritt	Ausfallschritt
Übersteiger	Übersteiger
Schere	Schere
Ziehen h. d. Standbein	Ziehen h. d. Standbein
Sohlentrick	Sohlentrick

Blitz

Um die Spielsituation «Gegner frontal» in Serie üben zu können, sind Laufwege nötig, die aus einem frontalen Dribbling nach links oder rechts zur Seite führen.

Im *Blitz* können die Spieler den *Matthews-Trick* oder die *Schere außen-außen* aus dem frontalen Dribbling intensiv üben.

An den Außenhütchen wiederholen die Spieler die Techniken der Organisationsform *Tannenbaum*, am Mittelhütchen sind Techniken an einem 90-Grad-Winkel gefordert. Diese finden wir im Abschnitt «Technikkombinationen im Kamm», S. 119.

So ergänzen sich die verschiedenen Organisationsformen. Wiederholungen festigen das zuvor Gelernte.

Das Üben der verschiedenen Techniken in unterschiedlichen Organisationsformen sorgt dafür, daß die Spieler sie variabel anwenden können.

Grundelement Blitz:

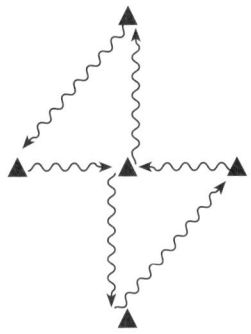

Grundelement *Blitz - steil*

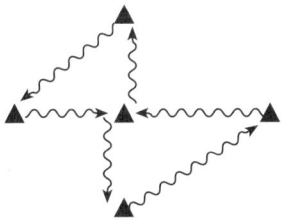

Grundelement *Blitz - flach*

Die Laufwege im *Blitz* sind:
diagonal nach außen – quer zur Mitte – nach vorne – diagonal zur Seite – usw.

Zweier-Blitz

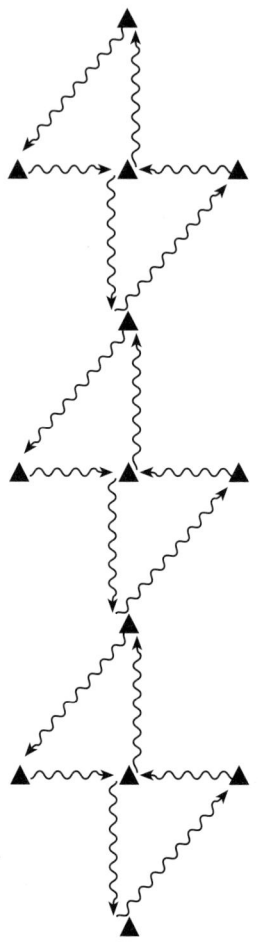

Der Blitz mit einem Start- und Wendepunkt heißt: *Zweier-Blitz*.

Acht Spieler können gleichzeitig üben. Nach der ersten Bahn zum Außenhütchen sind dieselben Techniken wie im *Tannenbaum* gefordert.

Z.B. könnte ein Anfänger mit *Kappen innen* beginnen, während ein fortgeschrittener Spieler das *Eindrehen innen* ausführen kann.

In der Mitte des Blitzes sind alle Techniken des *Zick-Zacks* anwendbar (vgl. Kombinationen im Blitz).

Der eigentliche Trainingsschwerpunkt liegt jedoch nach der dritten Dribbelbahn.

Wenn der Spieler frontal auf das vor ihm liegende Hütchen zudribbelt, hat er einige dort besonders geeignete Techniken zur Auswahl.

So könnte er z.B. den *Ausfallschritt*, den *Übersteiger* oder die *Schere außen-außen* anwenden. Aber auch der *Matthews-Trick* oder *Sohltrick* nach einer Schußfinte sind sehr gute Möglichkeiten, das frontale Hütchen zu überwinden.

An dieser Stelle bietet sich der Einsatz eines Gegenspielers an, der die Orientierung zur Spielsituation herstellt.

Vierer-Blitz

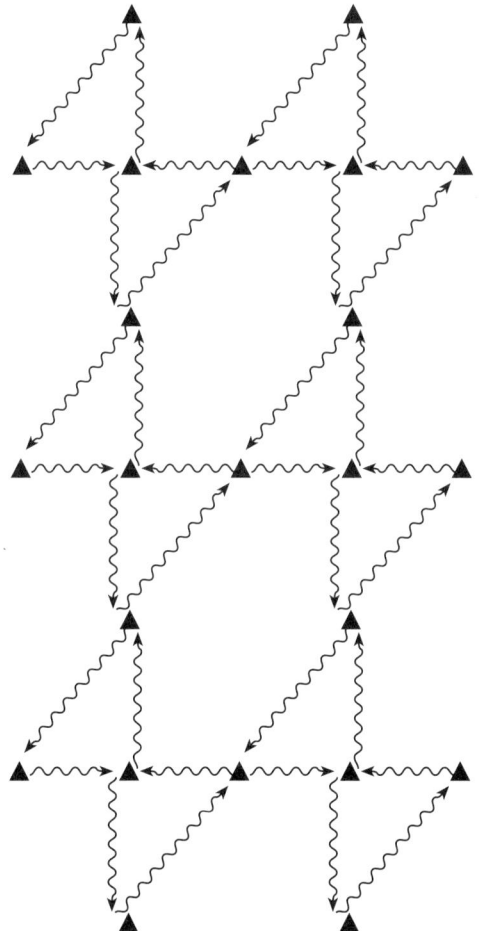

Der *Vierer-Blitz* hat zwei Start- und Wendepunkte und ist für eine komplette Mannschaft geeignet. Je nach der Anzahl der Spieler legt der Trainer drei oder vier Blitze hintereinander aus. Es sollte keine Wartezeit am Starthütchen entstehen.

Bei großer Teilnehmerzahl sollte der Trainer evtl. einen «Sechser-Blitz» (ohne Abb.) auslegen.

Techniken im Blitz

Hier zeigen die Spieler unterschiedliche Techniken an unterschiedlichen Hütchen. Während der vordere Spieler nach der ersten Dribbelbahn das *Eindrehen innen* anwendet, zeigt der hintere Spieler nach der dritten Dribbelbahn den *Matthews-Trick*. Er täuscht dazu einen Durchbruch zur linken Seite an, zieht dazu den Ball mit der Innenseite des rechten Fußes einige Zentimeter nach links, um ihn in einer flüssigen Bewegung mit der rechten Außenseite nach rechts zu spielen. Es folgt ein Sprint zum nächsten Hütchen mit anschließender Drehung.

Spieler 1 dribbelt auf das Außenhütchen zu. Spieler 2 täuscht einen Durchbruch nach links an.

Spieler 1 nähert sich dem zweiten Hütchen. Spieler 2 zieht den Ball mit der Innenseite nach links.

Spieler 1 ist am zweiten Hütchen angelangt. Spieler 2 zieht den Ball mit der rechten Außenseite nach rechts.

Spieler 1 dreht am Hütchen mit der linken Innenseite ein. Spieler 2 sprintet zum nächsten Hütchen.

Technikkombinationen im Blitz

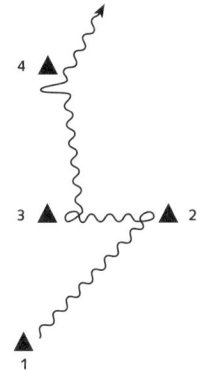

1 Starthütchen
2 Außenhütchen
3 Mittelhütchen
4 Frontalhütchen

Die in der folgenden Tabelle aufgeführten Techniken lassen sich beliebig kombinieren.

Der Trainer sollte den Spielern jedoch anfangs nur maximal zwei verschiedene Techniken vorgeben (z. B. *Kappen innen – Kappen innen – Matthews-Trick*).

Wenn die Spieler etwas Übung haben, kann er auch drei verschiedene Basisbewegungen zusammenstellen (z. B. *Eindrehen innen – Eindrehen außen – Schere außen-außen*).

Kombinationen der Techniken für den *Blitz*

Außenhütchen	Mittelhütchen	Frontalhütchen
Kappen innen	Kappen innen	Schußfinte + Kappen innen
Kappen außen	Kappen außen	Schußfinte + Kappen außen
Eindrehen innen	Eindrehen innen	Matthews-Trick
Eindrehen außen	Eindrehen außen	Matthews-Trick + Schere innen
Ausfallschritt	Ausfallschritt	Ausfallschritt
Übersteiger	Übersteiger	Übersteiger
Schere	Schere	Schere
Sohlentrick	Sohlentrick	
Ziehen hinter d. Standbein	Ziehen hinter d. Standbein	

Ausfallschritt, *Übersteiger* und *Schere* sind mit allen Kombinationen von außen und innen möglich (z. B. *Übersteiger außen-außen* oder *Schere innen-außen*).

Kamm

Bei der Organisationsform *Kamm* liegt der Trainingsschwerpunkt in der Vor- und Zurückbewegung. Möglichst häufige 180-Grad-Richtungsänderungen werden in einer flüssigen Endlosübung gefordert.

Die Dribbelrichtungen, die der Trainer in den ersten Übungen immer wieder nennen sollte, lauten: *vor – zur Mitte – zurück –* usw.

Am Ende der ersten Serie dribbeln die Spieler hinüber zur anderen Seite und beginnen den Rückweg mit denselben Dribbelrichtungen:

vor – zur Mitte – zurück – vor

Dabei sind zwei **verschiedene** Drehungen (90 und 180 Grad) Drehungen möglich:
- Drehung zur Mitte: 90-Grad-Drehung
- Am Mittelhütchen: 180-Grad-Drehung
- von der Mitte nach vorne: 90-Grad-Drehung

Grundelement Kamm

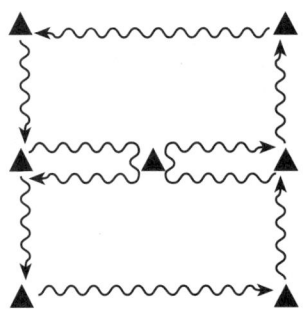

Mit sieben Hütchen läßt sich das Grundelement, in dem zwei bis drei Spieler üben können, realisieren. Doch man kann dieses Grundelement auch beliebig verlängern, so daß die Spieler mehrere Hütchen ansteuern, bis sie die Wendemarke erreicht haben.

Zweier-Kamm

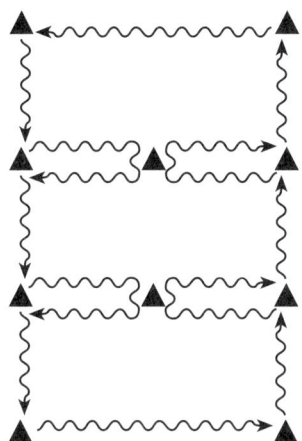

Im *Zweier-Kamm* mit 16 Hütchen üben bis zu acht Spieler.

Der zweite Spieler startet erst, wenn der erste auf der nächsten Bahn nach vorne dribbelt. Wenn alle Spieler das gleiche Tempo wählen, dribbeln sie parallel zur Mitte und zurück. Die Entfernung der Hütchen läßt sich leicht auf alle Altersstufen anpassen.

Das Dribbeltempo sollte ständig gesteigert werden.

Die wichtigste Anweisung zu Beginn der Übung ist auch hier wieder:

«Wende immer vor den Hütchen.» Die Spieler sollen also nicht um die Hütchen dribbeln, damit sie nicht mit anderen Spielern zusammenstoßen.

Vierer-Kamm

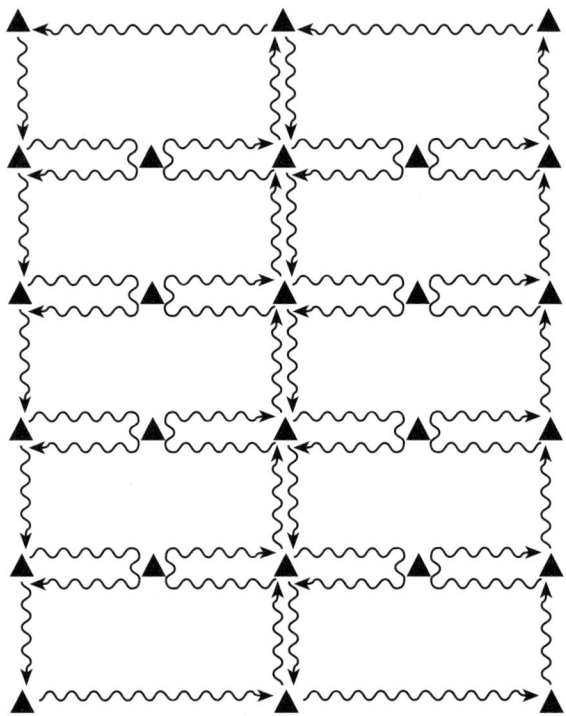

Die wichtigste Organisationsform ist der *Vierer-Kamm*, der zwei Start- und zwei Wendepunkte hat. Die Dribbler begegnen sich an mehreren Punkten innerhalb dieser Form und werden somit gezwungen, den Kopf hochzunehmen, um die übrigen Dribbler zu beobachten.

Die Spieler dribbeln und drehen mit links und rechts. Der Trainer kann die Techniken, die angewendet werden sollen, laut ausrufen. Die Spieler hören die Anweisungen und schalten auf die vom Trainer geforderte Technik um.

Beim Einüben neuer Techniken ist es ratsam, eine Runde zu üben, Hinweise oder Korrekturen an Spieler oder die Gruppe zu geben, um dann eine weitere Runde mit der neuen Technik zu üben.

Technikkombinationen

Eine Auswahl möglicher Technikkombinationen im Kamm:

90 Grad (1. Hütchen)	180 Grad (Mitte)	90Grad (3. Hütchen)
Kappen innen	Sohlentrick	Kappen innen
Kappen außen	Kappen innen	Kappen außen
Eindrehen innen	Kappen außen	Eindrehen innen
Eindrehen außen	Schere i-i	Eindrehen außen
Aufallschritt a-a	Ziehen h. d. Standbein	Ausfallschritt a-a
Übersteiger a-a		Übersteiger a-a
Schere a-a		Schere a-a
Sohlentrick + Innenseite		Sohlentrick + Innenseiten

Das Achterdribbling

Ein effektives Dribbeltraining erfordert zahlreiche interessante Organisationsformen, die immer wieder die Möglichkeit schaffen, wichtige Basisbewegungen in einem ähnlichen, jedoch für die Spieler neuen Rahmen zu automatisieren.

Die letzte Endlosübung aus dem Bereich des Großgruppentrainings ist das *Achterdribbling*.

Neue Lauf- und Dribbelrichtungen bieten weitere Möglichkeiten, ein abwechslungsreiches Dribbeltraining zu gestalten.

Auch diese Organisationsform berücksichtigt die für das Großgruppentraining typischen Prinzipien:
- Beidfüßigkeit,
- häufige Richtungsänderungen,
- Drehrichtung nach links und rechts,
- wechselnde Winkel,
- eindeutige Begriffe für Techniken,
- große Wiederholungszahl.

Das Achterdribbling ermöglicht:
- zielgerichtetes Lernen,
- Leistungsdifferenzierung,
- hohe Motivation,
- Spielraum für Kreativität,
- einen sinnvollen methodischen Aufbau,
- unmittelbare Fehlerkorrektur.

Grundelement Achterdribbling

Das Grundelement des *Achterdribblings* ist ein Quadrat, in dem folgende Dribbelrichtungen vorgegeben sind: *Diagonal vor – zurück – diagonal vor.*

Die Drehungen können jeweils links und rechts herum ausgeführt werden, dadurch verändern sich die Art und der Schwierigkeitsgrad der Basistechniken am Hütchen.

Dreht ein Spieler z. B. nach der ersten diagonalen Bahn am Hütchen mit der rechten Innenseite nach links, dann ist das ein *Kappen innen*. Dreht er sich jedoch nach rechts, dann führt er mit der linken Innenseite ein *Eindrehen innen* aus.

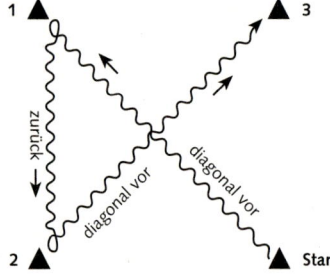

Die Spieler am rechten Hütchen dribbeln diagonal nach links zum Hütchen 1. Mit einer Richtungsänderung oder Drehung dribbeln sie dann zurück auf Hütchen 2 zu. Anschließend führt der Weg zum Hütchen 3, das diagonal rechts vor dem Dribbler liegt.
Damit hat er die erste Einheit erfüllt.

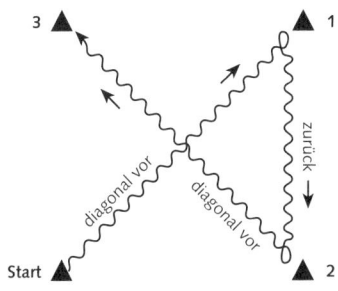

Damit beide Füße gleich trainiert werden, sollte das *Achter-Dribbling* auch von der linken Seite beginnen.

Dann sind die Dribbelrichtungen: *Diagonal vor – zurück – diagonal vor.*

Achterdribbling – Endlosübung

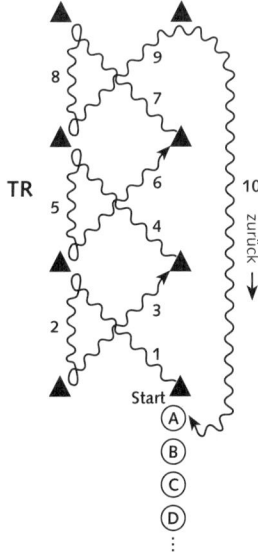

Achterdribbling nur in eine Richtung.
Aus dem Grundelement kann man nun wieder eine Endlosübung gestalten. Man schaltet einfach mehrere Quadrate hinter- und nebeneinander, so daß eine typische Großgruppenübung entsteht. Die Spieler dribbeln nur in eine Richtung auf den vorgegebenen Laufwegen und dann außen herum zurück zum Ausgangspunkt.

Wichtig ist dabei wieder, daß die Lauf- und Dribbelwege eindeutig festgelegt und bekannt sind, damit die Spieler die gestellten Aufgaben problemlos und «endlos» erledigen können. Der Trainer kann den Übungsablauf leicht überschauen und die Spieler gut korrigieren.

Achterdribbling mit Wendepunkt

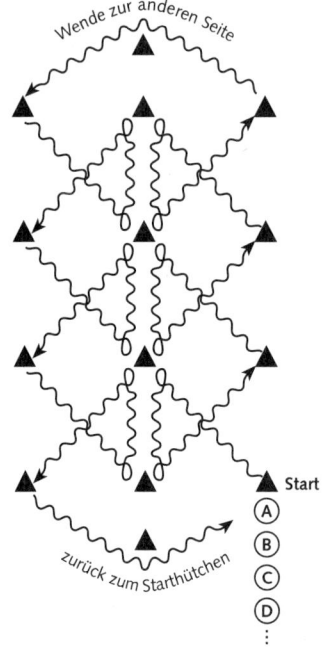

Bei einer Anzahl von mehr als acht Teilnehmern sollte der Trainer die Reihe der Quadrate verlängern, damit keine Wartezeiten am Starthütchen entstehen.

Die Spieler können aber auch auf einer zweiten Reihe von Quadraten zurückdribbeln, nachdem sie ein Wendehütchen umkurvt haben.

Dies hat zwei Vorteile:
- Der Trainer braucht nicht so viele Hütchen, da die mittleren Hütchen zu zwei Quadraten gehören.
- An den mittleren Hütchen begegnen sich die Spieler.
- Der Raum wird optimal ausgenutzt.

Techniken im Achterdribbling

Es haben sich folgende Techniken bewährt, die jedoch eine unterschiedliche Ausführung erfordern. Dies hängt davon ab, welche Drehung der Spieler wählt und auf welches Hütchen er zudribbelt.
1. Kappen innen
2. Kappen außen
3. Eindrehen innen
4. Eindrehen außen
5. Sohlentrick + Spann
6. Ziehen hinter das Standbein
   a) mit rechts
   b) mit links
7. Ausfallschritt
8. Übersteiger
9. Schere

Ausfallschritt, Übersteiger und Schere sind mit allen Kombinationen von außen und innen möglich.

Ausfallschritt außen-außen

Ziehen mit der Sohle und Spiel hinter das Standbein

Ball mit der Sohle festhalten und mit der Sohle nach hinten ziehen

Ball mit der rechten Innenseite nach hinten spielen

Ziehen hinter das Standbein

Im Gegensatz zum Ziehen mit der Sohle zieht hier der Spieler den Ball in einer flüssigen Bewegung mit dem vorderen Teil der Fußinnenseite hinter das Standbein, ohne den Ball anzuhalten.

Schritt vor den Ball und rechten Fuß stark eindrehen

Ball mit der rechten Fußspitze bzw. den rechten Innenspann nach hinten ziehen

Körper schnell über die linke Schulter drehen und auf das nächste Hütchen zurückstarten

Das Ziehen hinter das Standbein kann mit rechts oder links ausgeführt werden.
    Die Drehrichtungen, die Größe der Richtungsänderung und dadurch die Größe der Körperdrehung sind dadurch sehr unterschiedlich. Die Spieler erleben diese Unterschiede als neue Basisbewegung und sollten auch beide Richtungen beherrschen.

Kombinationen der Organisationsformen

Die Organisationsformen des Großgruppentrainings mit Endlosübungen lassen sich auch kombinieren. Dadurch wechseln die Winkel innerhalb einer Organisationsform, und die Anforderungen an die Orientierung der Kinder sind noch höher.

In diesem Kapitel sind Beispiele aufgeführt, die den kreativen Trainer zur Weiterentwicklung neuer Organisationsformen anregen sollen.

Der Phantasie sind dabei keine Grenzen gesetzt.

Durch den Wechsel und die Kombination verschiedener Übungen kommt nie Langeweile auf, die Spieler müssen sich stets neu konzentrieren. Der Reiz neuer Organisationsformen und die variable Anwendung der Techniken unterstützen den Lernprozeß.

Kombination aus Kamm und Zick-Zack

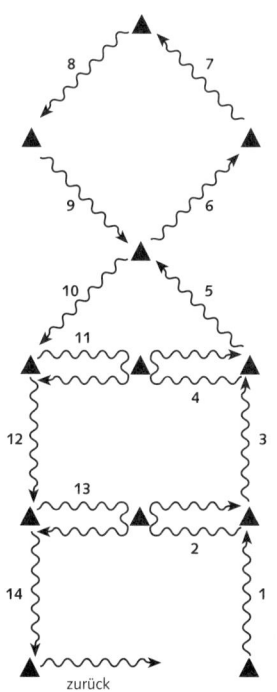

Die Abbildung zeigt eine Kombination aus: *Kamm* und *Zick-Zack*.

Die Spieler beginnen mit typischen Techniken, die der *Kamm* erfordert, und wechseln im Verlauf der Übung zum *Zick-Zack*, in dem eine andere Ausführung der Techniken erforderlich ist.

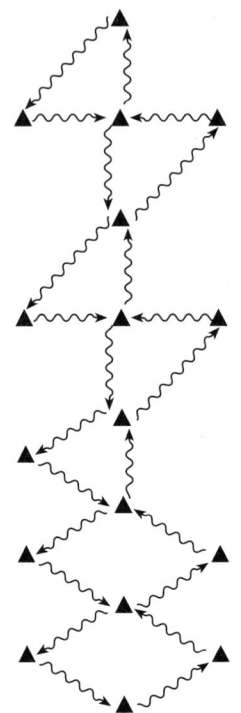

Kombination aus Zick-Zack und Blitz

Kombination aus Tannenbaum und Kamm

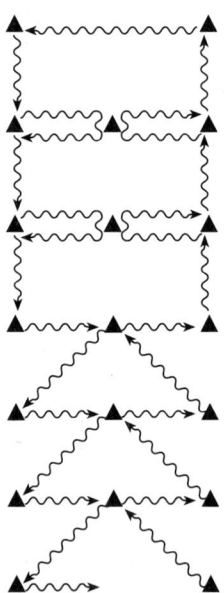

Kombination aus
Achterdribbling und Kamm

Kombination aus Kamm,
Zick-Zack und Blitz

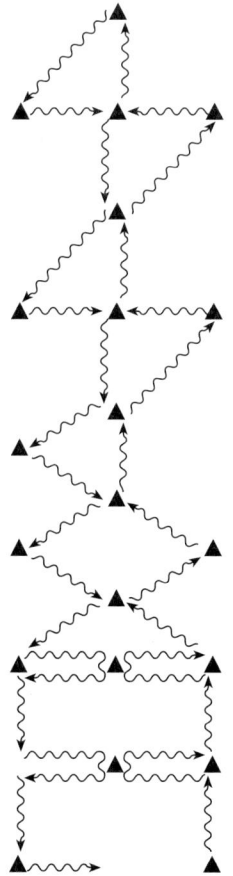

Verbindung mit Anschlußaktionen

Endlosübungen aus dem Großgruppentraining lassen sich auch mit Zusatzübungen verbinden. Folgende Anschlußaktionen können in eine Großgruppenübung eingebunden werden:
- Pässe
- Torschuß
- Koordinationsübung
- Übungen mit dem Swingball, einem Pendelball, der am Tor befestigt wird.

Nach einer Kette von Dribbel- und Täuschbewegungen im *Zick-Zack* dribbeln die Spieler in Richtung Trainer oder Mitspieler, spielen ihn an, erhalten den Ball zurück und dribbeln weiter im *Zick-Zack* zurück zum Ausgangspunkt. Anschlußaktionen (gleiche oder unterschiedliche) sind auf beiden Seiten möglich.

Pässe

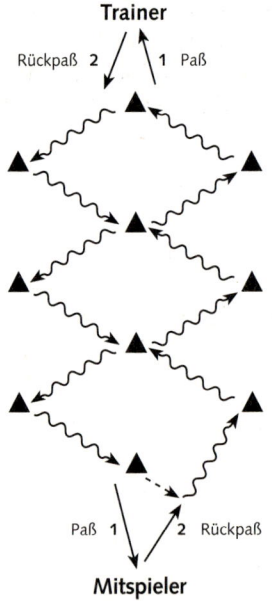

Übungen im Zick-Zack und Paß zum Partner
Der Dribbler spielt den Ball mit der Innenseite zum Partner, der ihn in den Lauf des Dribblers zurückspielt. Der Partner kann den Ball aber auch aufnehmen und hoch zuwerfen. Dann sollte der Dribbler den Ball erst an- und mitnehmen, bevor er weiter dribbelt.

Torschuß

Sehr motivierend für Kinder sind immer Übungen mit einem Torschuß.

Wenn die Spieler die Basisbewegungen ausreichend geübt haben, können sie innerhalb einer Endlosübung auch auf ein Tor schießen.

Als weitere Zusatzaufgabe könnte der Spieler vorher noch einen Gegenspieler ausspielen.

Nach dem Torschuß dribbelt der Spieler wieder auf den vorgegebenen Laufwegen zurück und erfüllt auf der anderen Seite eine weitere Aufgabe.

Es ist dabei jedoch wichtig, daß die Endlosübung nicht zu lang ist, denn die Spieler sollten nicht zu müde sein, wenn sie auf das Tor schießen.

Der Vorteil dieser Organisationsform liegt darin, daß kein Spieler wartet, um auf das Tor zu schießen, sondern Basisbewegungen wiederholt.

Kamm und Torschuß

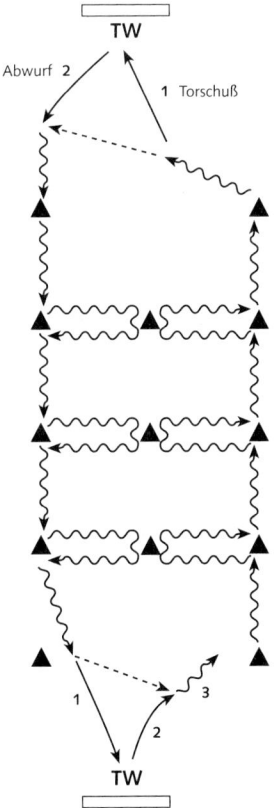

Koordinationstraining

Nach der Großgruppenübung kann auch ein kleiner Parcours aus dem Bereich des Koordinationstrainings mit Stangen und Reifen folgen. (Vgl. dazu die Videos Koordinationstraining für Schule und Verein.)

Die Spieler lassen ihren Ball im markierten Bereich liegen, erfüllen eine koordinative Aufgabe und kehren zurück zum Dribbeltraining.

Die Belastung sollte wie beim Torschußtraining nicht zu hoch sein, denn besonders beim Koordinationstraining sollten die Spieler ausgeruht sein. Funktionsgymnastik schafft die erforderlichen Erholungspausen und verhindert einseitige Belastungen.

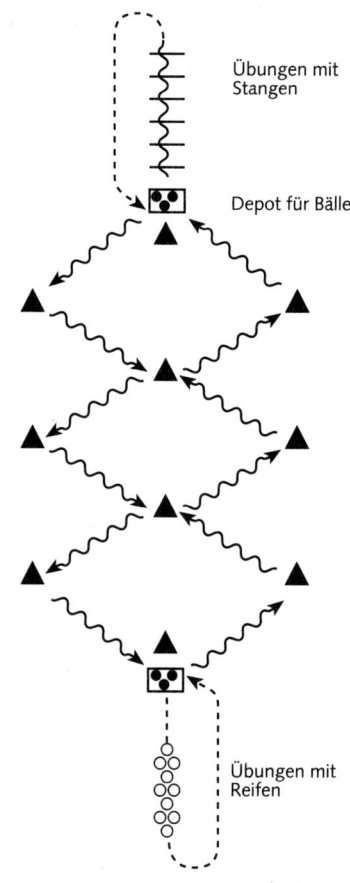

Swingball

Der Swingball ist ein leichter Pendelball mit einer Spezialaufhängung, die leicht am Tor befestigt werden kann. Er läßt sich problemlos und schnell in jede beliebige Position verstellen, so daß Kopfball- und Schußübungen kindgerecht durchgeführt werden können.

Im Tor sind drei bis vier Swingbälle angebracht. Nach dem Dribbling z. B. im «Blitz» sprintet der Spieler zum Tor und köpft oder schießt einen Swingball ins Tor. Dieser kann nicht wegrollen, da er an der Torlatte befestigt ist. Die Spieler wählen einen Swingball. Bei drei bis vier Bällen ist ein Stau nicht zu erwarten, sonst sollten die Abstände zwischen den Spielern größer gewählt werden.

Dribbeltraining (Achterdribbling) und Übungen mit dem Swingball

Kleingruppentraining

Die Organisationsformen in diesem Abschnitt sind zum großen Teil von den Videos «Die Coerver-Methode» abgeleitet.

Die Organisationsformen für das Training mit kleinen Gruppen (Paare, 3-er-Gruppen, 4-er-Gruppen, usw.) sind gegliedert nach der Position des Gegenspielers.

Die Spielsituation «Angreifer täuscht Abwehrspieler und umdribbelt ihn» erfordert jeweils andere Organisationsformen, wenn sich der Gegner direkt vor oder hinter dem Angreifer befindet oder seitlich angreift.

Die Basisbewegungen, die in den Großgruppenübungen automatisiert werden, kommen in folgenden Organisationsformen zur Anwendung.

Gegner frontal

Gegner frontal in der Zweiergruppe

Zwei Spieler dribbeln zwischen zwei Hütchen aufeinander zu und weichen auf vorher abgesprochene Weise (z. B. nach links mit Ausfallschritt außen-innen) aus. Am Hütchen angekommen, drehen sie um und wiederholen die Übung.

Gegner frontal in der Viererguppe

A1 und B1 dribbeln aufeinander zu wie in der ersten Übung. A1 spielt zu B2 und B1 zu A2. Beide nehmen den zugespielten Ball an und dribbeln ebenfalls aufeinander zu.

Mögliche Techniken:
Ausfallschritt, Übersteiger, Schere, Sohlentrick, Matthews-Trick, Eindrehen innen.

Gegner frontal in der Dreiergruppe mit einem Ball

A dribbelt um B und C, die im Abstand von 4 und 8 Metern vor ihm stehen.

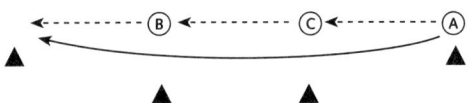

B und C und schließlich auch A rücken eine Position auf (B zu A; C zu B und A zu C).

A spielt den Ball zu B, der dann zum Dribbler wird. Fortgeschrittene Spieler spielen diesen Ball als Flugball.

Nun umdribbelt B die Gegenspieler C und A, nachdem er diese mit einer Finte getäuscht hat.

Es ist wichtig, daß die Spieler vorher genau wissen, zu welcher Seite sie ausweichen sollen. Sie sollten jedoch die Basisbewegungen zu beiden Seiten ausführen.

In dieser Übung haben sich bewährt:
- *Ausfallschritt außen-außen*
- *Übersteiger außen-außen*
- *Schere außen-außen*
- *Sohlentrick und Innenseite* (wichtig: Ball mit dem äußeren Fuß zurückziehen! Geht der Spieler rechts vorbei, dann nimmt er den Ball mit dem rechten Fuß zurück).
- Es sind aber auch folgende Kombinationen von Ausfallschritt / Übersteiger / Schere möglich: außen-innen, innen-außen.
- *Matthews-Trick*
- *Eindrehen innen*

Gegner frontal in der Dreiergruppe mit zwei Bällen

Zwei Spieler, die sich außen befinden, haben einen Ball. In der Mitte befindet sich ein Spieler ohne Ball. Den Paß von Spieler A in die Mitte nimmt der Mittelspieler B an und mit. B dribbelt nach außen und umspielt mit einer Finte den in die Mitte laufenden Spieler A, der dann zum Mittelspieler wird.

Nun spielt der andere Außenspieler C seinen Ball in die Mitte zu A, der den Ball seinerseits nun an- und mitnimmt und den in die Mitte laufenden Spieler C ausspielt.

Der Mittelspieler erhält also immer den Ball von außen und umdribbelt den Außenspieler.

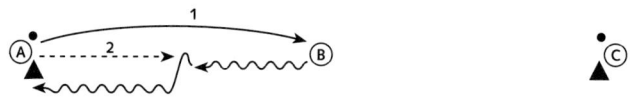

(1) Paß von A zu B
(2) B nimmt den Ball an und mit
(3) A kommt entgegen, und B spielt A aus
(4) A läuft in die Mitte

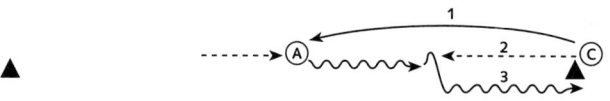

(1) Paß von C zu A
(2) A nimmt den Ball an und mit
(3) C kommt entgegen, und A spielt C aus
(4) C läuft zur Mitte

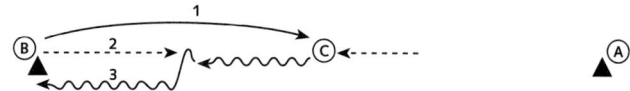

(1) Paß von B zu C
(2) C nimmt den Ball an und mit
(3) B kommt entgegen, und C spielt A aus

Auf diese Weise wechseln die Aufgaben ständig.

Dreieck mit Gegenspieler (Übung für Sechsergruppen)

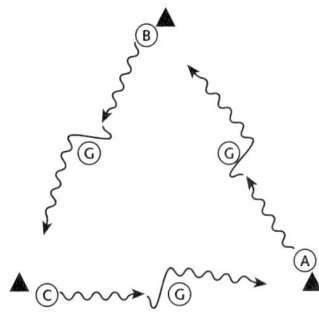

An den drei Ecken des Dreiecks starten drei Dribbler. In der Mitte der Seiten des Dreiecks befinden sich jeweils Gegenspieler, die umdribbelt werden sollen.

Der Gegner kann außen oder innen umdribbelt werden.

Nach einer vorgegebenen Zeit wechseln die Aufgaben. Die Dribbler gehen in die Mitte, und die Abwehrspieler werden zu Dribblern.

Die Gegenwehr kann stetig gesteigert werden.

Quadrat mit Gegenspieler (Übung für Achtergruppen)

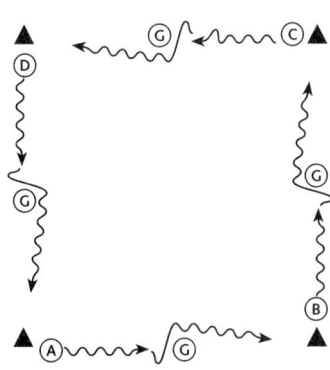

An den vier Ecken des Quadrats starten vier Dribbler. In der Mitte der Seiten des Quadrats befinden sich jeweils Gegenspieler, die umdribbelt werden sollen.

Der Gegner kann außen oder innen umdribbelt werden.

Nach einer vorgegebenen Zeit wechseln die Aufgaben. Die Dribbler gehen in die Mitte, und die Abwehrspieler werden zu Dribblern.

Dreieck mit Zentrum

Drei Spieler dribbeln gleichzeitig auf das Zentrum eines Dreiecks zu und treffen sich in der Mitte. Etwa einen Meter vor dem Hütchen wenden sie eine Finte an (z. B. «Schere außen-außen» oder «Matthews-Trick») und dribbeln zum nächsten Hütchen.

Sie warten, bis alle Spieler ihr Hütchen erreicht haben, und starten nach einem kurzen Blickkontakt oder Startzeichen eines Führungsspielers weiter im Uhrzeigersinn.

Nach einer festgelegten Rundenzahl wechseln sie die Drehrichtung, um beide Füße zu trainieren.

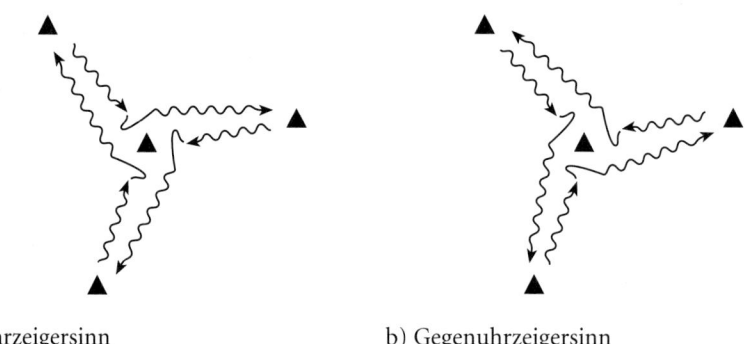

a) Uhrzeigersinn   b) Gegenuhrzeigersinn

Quadrat mit Zentrum

Die Übung Dreieck mit Zentrum kann auch im Quadrat ausgeführt werden. Dann starten vier Spieler gleichzeitig zur Mitte, wenden eine Finte an und dribbeln zum nächsten Hütchen des Quadrates.

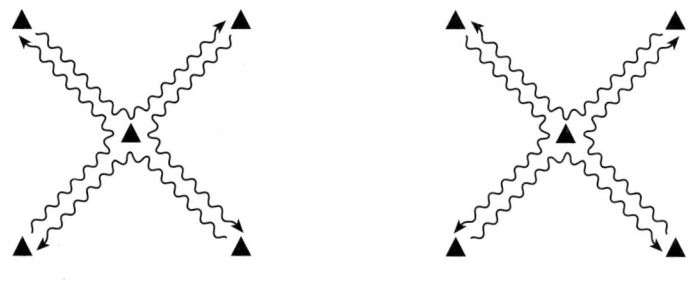

a) Uhrzeigersinn   b) Gegenuhrzeigersinn

Gegner seitlich

Im folgenden Abschnitt werden Organisationsformen vorgestellt, mit denen die Spieler die Basisbewegungen, die sie brauchen, wenn der Gegner von der Seite angreift, mit großer Wiederholungszahl ausführen können.

Dabei ergeben sich drei Grundsituationen:
- Der Angreifer versucht, dem Gegenspieler den Rücken zuzudrehen, den Ball zurückzuziehen und sich mit einer 180-Grad-Drehung von ihm zu lösen.
- Der Dribbler dreht am Gegenspieler ein, schirmt den Ball ab und dribbelt in eine neue Richtung. In den folgenden Organisationsformen sind Drehungen im Quadrat um 90 Grad und im Dreieck um 60 Grad vorgegeben, damit die Spieler eine Reihe von Wiederholungen in einem geschlossenen System ausführen können.
- Der Dribbler täuscht seinen Gegner, z. B. mit dem *Leotrick* (vgl. S. 91), und setzt sein Dribbling nach vorne fort.

Übung für Anfänger

a) Vier bis acht Spieler dribbeln auf ein Zentrum zu und drehen ca. einen Meter vor Erreichen des Mittelhütchens zurück zu ihrem Hütchen. Dabei ist eine 180-Grad-Drehung erforderlich.

Mögliche Techniken:
- Zurückziehen mit der Sohle
- Kappen innen
- Kappen außen
- Schere innen-innen
- Ziehen hinter das Standbein

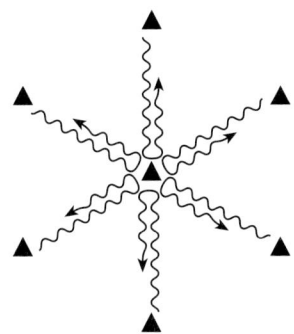

b) In einem Dreieck dribbelt ein Spieler ohne Gegenspieler. Nach zwei bis drei Runden sollten die Spieler die Drehrichtung wechseln.
Folgende Techniken bieten sich für diese Übung an:
- Kappen innen
- Kappen außen
- Eindrehen innen
- Eindrehen außen
- Sohlentrick – Spann

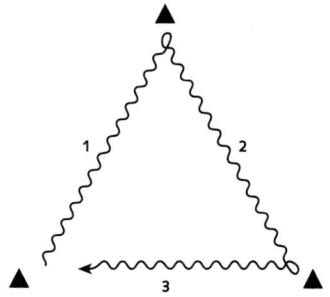

Endlosübung mit Gegenläufer im Dreieck

Ein Spieler dribbelt im Dreieck wie in der Grundübung b) Ein Gegenläufer greift in entgegengesetzter Drehrichtung an.

a)   b)   c)

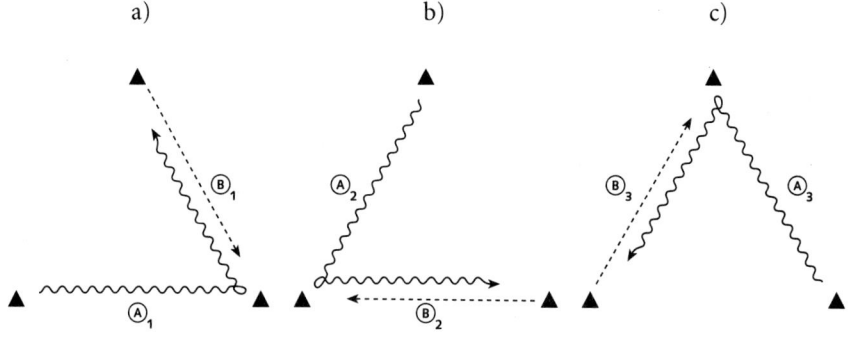

Angriff von der Seite (Zweiergruppen)

Der Abwehrspieler greift von der rechten Seite an. Dann dreht der Spieler nach links. Der Abwehrspieler läuft zwischen den beiden Hütchen vor und zurück, damit immer dieselbe Übungssituation entsteht. Nach einer vorgegebenen Zeit oder Wiederholungen werden die Aufgaben gewechselt.

a) Angriff von rechts

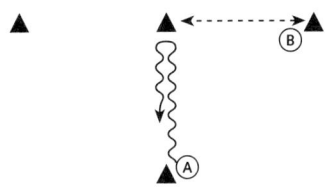

b) Nun greift der Abwehrspieler von links an. Der Dribbler führt deshalb eine Drehung um 180 Grad nach rechts aus.

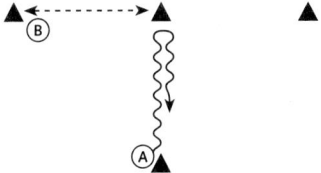

c) Der Abwehrspieler läuft nun nicht mehr zurück zu seinem Ausgangshütchen, sondern direkt zum gegenüberliegenden Hütchen. Somit muß der Dribbler ständig anders drehen, einmal nach links, dann nach rechts. Der Abwehrspieler sollte überzeugend zum Ball sprinten und einen Angriff simulieren.

Phase 1   Phase 2

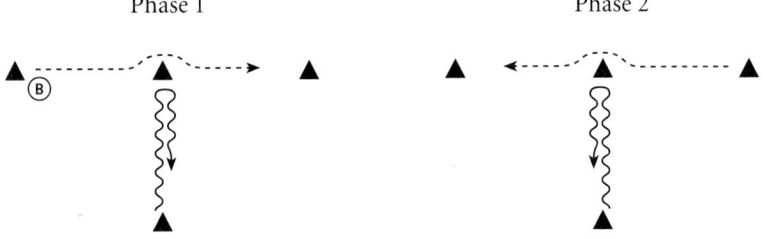

Endlosübung im Quadrat mit Gegenläufer

In dieser Organisationsform gibt es zwei Dribbler, die nacheinander von einem Gegenläufer angegriffen werden.

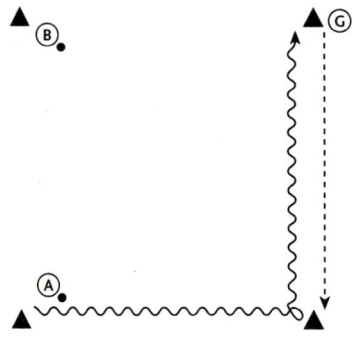

- G greift A an
- G bleibt stehen und sucht den Blickkontakt zu B
- A dribbelt zum nächsten Hütchen

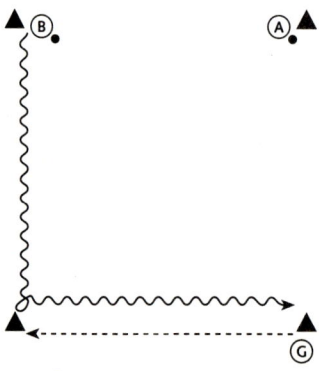

- G greift B an
- G bleibt stehen und sucht den Blickkontakt A
- B dribbelt zum nächsten Hütchen

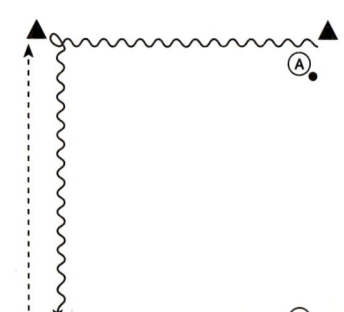

- G greift A an
- G bleibt stehen und sucht den Blickkontakt zu B
- A dribbelt zum nächsten Hütchen
- usw.

Zwei Dribbler – ein Gegner auf der Diagonalen

G läuft auf der Diagonalen und greift wechselweise A und B an.
A und B dribbeln zur Mitte und «schütteln» den Angreifer mit *Eindrehen innen* ab, dribbeln zur nächsten Ecke und zurück zu ihrem Ausgangshütchen.

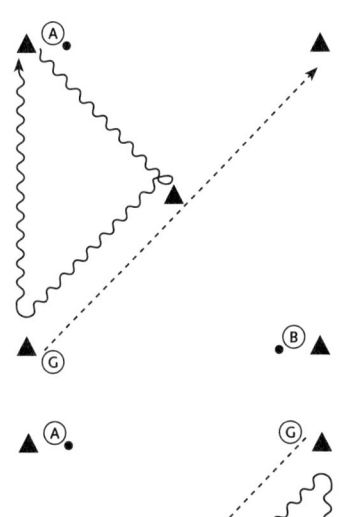

- G greift A in der Mitte an
- A dreht mit dem rechten Fuß ein
- A dribbelt zum Starthütchen von G
- G läuft zum diagonal gegenüberliegenden Eckpunkt
- A dribbelt zurück zum Ausgangspunkt

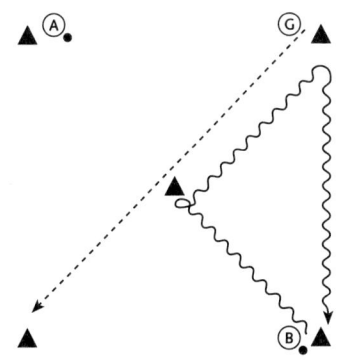

- G greift nun B in der Mitte an
- B dreht mit dem rechten Fuß ein
- B dribbelt zum Starthütchen von G
- G läuft zum diagonal gegenüberliegenden Eckpunkt
- B dribbelt zurück zum Ausgangspunkt

Gegner im Rücken (GIR)

Es folgen nun Organisationsformen, die sich sehr gut dazu eignen, die GIR-Basisbewegungen zu automatisieren (vgl. S. 74–84).

Vorübungen zwischen zwei Hütchen

Vorübungen zwischen zwei Hütchen

Einzelübungen

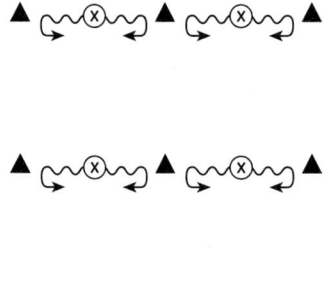

- *Kappen innen* mit links und rechts im Wechsel
- *Kappen außen* mit links und rechts im Wechsel
- *Kappen innen – Kappen außen* im Wechsel
  - mit rechts
  - mit links

Kappen außen zwischen zwei Hütchen

Kappen innen und
- Schere / Übersteiger / Ausfallschritt innen-innen
- Schere / Übersteiger / Ausfallschritt innen-außen
- Schere / Übersteiger / Ausfallschritt außen-innen
- Schere / Übersteiger / Ausfallschritt außen-außen
- Ziehen hinter das Standbein

Kappen außen und
- Schere / Übersteiger / Ausfallschritt innen-innen
- Schere / Übersteiger / Ausfallschritt innen-außen
- Schere / Übersteiger / Ausfallschritt außen-innen
- Schere / Übersteiger / Ausfallschritt außen-außen
- Ziehen hinter das Standbein

Gleiche Techniken auf beiden Seiten

Scherbewegungen zwischen zwei Hütchen
- Schere/Übersteiger/Ausfallschritt innen-innen
- Schere/Übersteiger/Ausfallschritt innen-außen
- Schere/Übersteiger/Ausfallschritt außen-innen
- Schere/Übersteiger/Ausfallschritt außen-außen
- Ziehen hinter das Standbein

Technikkombinationen (Beispiele)
- Schere innen-innen (rechts) + Ziehen hinter das Standbein (links)
- Übersteiger innen-außen (rechts) und Ausfallschritt außen-innen (links)
- Ziehen hinter das Standbein (rechts) und Übersteiger innen-außen (links)

Partnerübungen
Schere innen-innen am ersten Hütchen mit Gegenspieler

(a) In der Nähe des Hütchens mit dem rechten Fuß um den Ball herumscheren

(b) Rechten Fuß absetzen

(c) Körperbewegung abfangen und zur entgegengesetzten Richtung starten

(d) Ball mit der Innenseite des linken Fußes mitnehmen, dabei den Körper schnell zwischen Ball und Gegner bringen

Richtungsdribbling

Fuß- und Beinbewegungen für die Situation «Gegner im Rücken» können die Spieler in Serie mit dem Richtungsdribbling üben.

Nach jeder Täuschbewegung (z. B. *Ausfallschritt außen-außen*) halten sie den Ball kurz an, um ihn dann in schneller Abfolge mit derselben Basisbewegung kurz weiterzuspielen. Es ist wichtig, daß die Basisbewegungen überzeugend ausgeführt werden. Der Abstand zwischen den beiden Wendemarken kann der Trainer frei wählen. Empfehlenswert sind sechs bis zwölf Meter.

Richtungsdribbling
Dribbelrichtung: rechts

Wenn die Serie von Basisbewegungen in eine Richtung beendet ist, dann sollten die Spieler dieselbe Abfolge in die entgegengesetzte Richtung ausführen. Dadurch werden wieder beide Füße trainiert.

Alle Techniken werden nun genau in umgekehrter Reihenfolge ausgeführt.

Als Tip für die Spieler hat sich bewährt: «Wenn das Richtungsdribbling nach rechts geht, dann führe deine erste Täuschung nach links aus. Der erste Schritt geht also immer in die entgegengesetzte Richtung.»

Richtungsdribbling
Dribbelrichtung: links

Basisbewegungen – Einzelübungen:

Mit dem Richtungsdribbling lassen sich folgende Basisbewegungen hervorragend automatisieren:
1. **Ausfallschritt**
   (außen-außen, außen-innen, innen-außen, innen-innen)
2. **Übersteiger**
   (außen-außen, außen-innen, innen-außen, innen-innen)
3. **Schere**
   (außen-außen, außen-innen, innen-außen, innen-innen)

Richtungsdribbling. Spiel mit der Außenseite

Richtungsdribbling mit Gegenspieler

Alle Techniken im Richtungsdribbling können auch mit einem Partner ausgeführt werden. Damit erhält der Spieler noch eher das Gefühl für die Spielsituation. Der Partner macht alle Bewegungen parallel mit, damit der Angreifer die Wirkung seiner Täuschaktionen spürt. Nach zwei Bahnen wechseln die beiden Fußballer dann die Aufgabe.

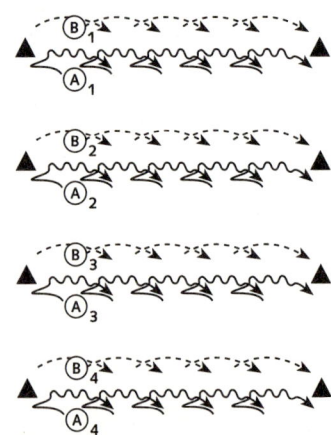

Wettkampf Gegner abschütteln

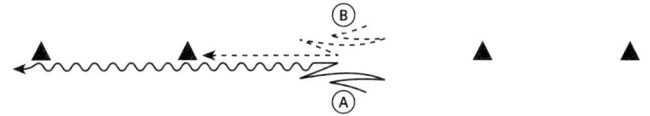

Ein Dribbler und ein Abwehrspieler stehen in der Mitte zweier Hütchen mit dem Abstand von vier bis sechs Metern. Der Dribbler versucht, den Abwehrspieler durch eine schnelle Abfolge von Täuschbewegungen abzuschütteln.

Schafft er es, das zweite Hütchen auf der linken oder rechten Seite zu erreichen, bevor der Abwehrspieler am ersten Hütchen ist, dann erhält er einen Punkt. Ein geschickter Angreifer bringt seinen Gegenspieler aus dem Gleichgewicht oder verleitet ihn zu einem Schritt zur Seite und nutzt diesen kleinen zeitlichen Vorsprung, um schnell das zweite Hütchen zu erreichen.

In der einen Variation dieses Wettkampfes dribbelt der Angreifer um das erste Hütchen und dann über eine Ziellinie. Den Ball sollte er dabei ständig abschirmen, denn wenn der Abwehrspieler den Ball wegschießen kann, wechseln die Aufgaben.

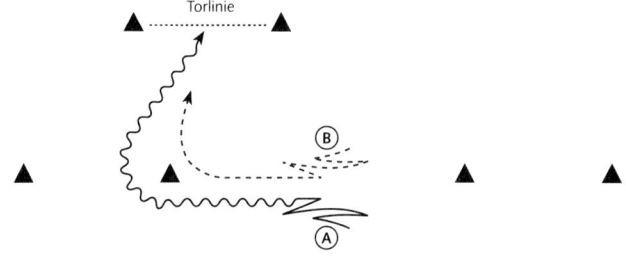

Übungen im Quadrat

Einzelübungen

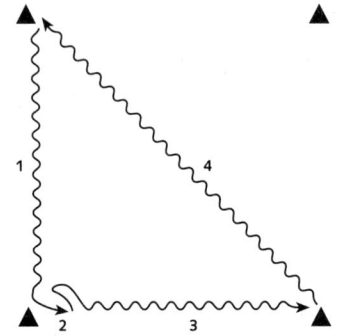

GIR-Techniken im Quadrat – Drehung nach links (zum Zentrum hin)

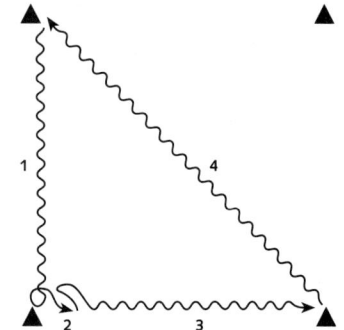

GIR-Techniken im Quadrat – Drehung nach rechts (vom Zentrum weg)

Partnerübungen (ständiger Wechsel der Aufgaben)

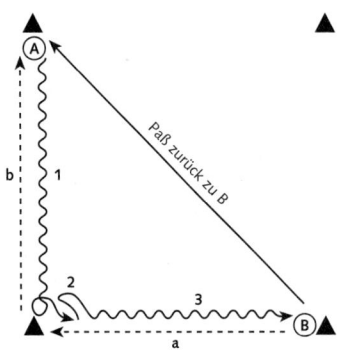
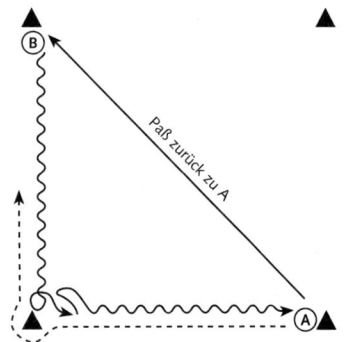

1. A dribbelt auf das mittlere Hütchen zu, und B simuliert dort einen Angriff
2. A dreht ein und täuscht B.
3. A dribbelt zum nächsten Hütchen, und B läuft zum Starthütchen des Dribblers.
4. A gibt einen Paß zurück zu B.

Anschließend beginnt die Übung mit unterschiedlicher Aufgabenverteilung: B dribbelt, und A spielt den Abwehrspieler.

Übungen in der Vierergruppe

In einem Quadrat befinden sich vier Spieler, A_1 und A_2 dribbeln auf B_1 und B_2 zu, die am Hütchen warten und als Gegenspieler fungieren.

Nach jedem Dribbling wechseln die Aufgaben, denn die Dribbler spielen ihren Ball zum nächsten Partner im Gegenuhrzeigersinn. Die beiden Bälle «wandern» also immer im gleichen Drehrhythmus.

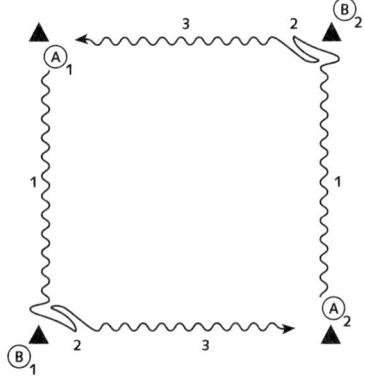

1. A_1 und A_2 dribbeln gleichzeitig auf B_1 und B_2 zu.
2. Sie drehen ihren Gegenspielern den Rücken zu und täuschen mit einer «GIR-Finte» (z. B. Ausfallschritt außen-außen).
3. Sie dribbeln auf das nächste Hütchen zu.

Zeichnung – Phase 1

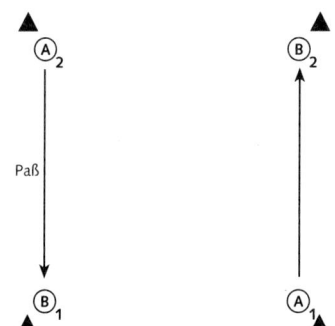

1. A_1 spielt zu B_2.
2. A_2 spielt zu B_1.
3. B_1 und B_2 nehmen den zugespielten Ball an und drehen sich zum nächsten Hütchen.
4. Die Dribbler sehen sich kurz an, bevor sie starten.

Zeichnung – Phase 2

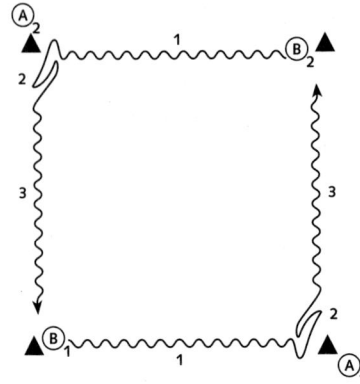

1. Jetzt dribbeln B_1 und B_2 gleichzeitig auf A_1 und A_2 zu.
2. Sie drehen ihren Gegenspielern den Rücken zu und täuschen mit einer Finte (z. B. *Schere innen-außen*).
3. Sie dribbeln auf das nächste Hütchen zu.
4. Anschließend spielen sie wieder den Ball zu ihren Partnern (wie in Phase 2).

Zeichnung – Phase 3

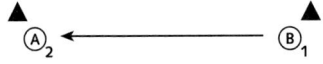

1. B_1 spielt zu A_2.
2. B_2 spielt zu A_1.
3. A_1 und A_2 nehmen den zugespielten Ball an und drehen sich zum nächsten Hütchen.
4. Die Dribbler sehen sich kurz an, bevor sie starten.

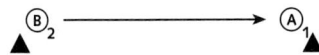

Zeichnung – Phase 4

Übungen in Endlosübungen (Zick-Zack oder Kamm)

Die Endlosübungen des Großgruppentrainings können auch sehr gut zum Üben der typischen Basisbewegungen zur Spielsituation «Gegner im Rücken» genutzt werden.
Als Beispiel sind hier nur der *Zick-Zack* und der *Kamm* aufgeführt.
Die Spieler dribbeln auf ein Hütchen zu, drehen dem Hütchen den Rücken zu und wenden eine Finte «Gegner im Rücken» an.
Einen hohen Trainingseffekt erzielt man besonders mit fortgeschrittenen Spielern durch Kombinationen von Techniken frontal, seitlich und «GIR».

Zick-Zack   Kamm

Übungen in der Dreiergruppe

Eine sehr spielnahe Übung für die Spielsituation «Gegner im Rücken» wird in den folgenden Abbildungen und der nachfolgenden Bildreihe erläutert.

Der Vorteil dieser Organisationsform liegt im Wechsel der Aufgaben für die Spieler. Jeder erfüllt nacheinander die Aufgaben des Anspielers, des Dribblers und des Gegenspielers.

Diese Organisationsform eignet sich auch zum Üben der direkten Mitnahme des Balles.

Organisationsform mit Beschreibung und Fotos:

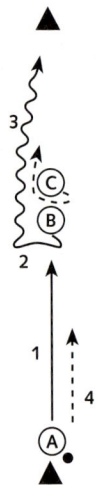

1. A (Anspieler) spielt zu B (Angreifer).
2. B nimmt den Ball an, täuscht C, umdribbelt C.
3. B dribbelt dann weg von C auf das nächste Hütchen zu.
4. A sprintet zu C und wird sein Gegenspieler.

153

(a) Zugespielten Ball mit der Innenseite annehmen und kurz zur Seite mitnehmen

(b) Schuß mit rechts antäuschen

(c) Schuß abbrechen und Ball hinter das Standbein ziehen

(d) Am Gegner vorbei zum nächsten Hütchen dribbeln

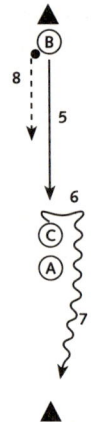

Nun ist B der Anspieler, C der Dribbler und A der Gegenspieler.

5. B spielt zu C.
6. C nimmt den Ball an und täuscht A.
7. C dribbelt zum nächsten Hütchen.
8. B sprintet zu A und wird somit zum Abwehrspieler.

(e) Dribbler dreht sich um und wird nun zum Anspieler

(f) Abwehrspieler (weiß) wird zum Angreifer und sprintet dem zugespielten Ball entgegen

(g) Ball mit der Außenseite des rechten Fußes direkt mitnehmen

(h) Ball mit der Außenseite am Abwehrspieler vorbeilegen und zum Ausgangshütchen dribbeln (Übung startet dann neu)

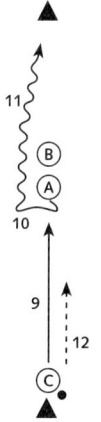

Nun ist C der Anspieler, A der Dribbler und B der Gegenspieler.
9. C spielt zu A.
10. A nimmt den Ball an und täuscht B.
11. A dribbelt zum nächsten Hütchen.
12. C sprintet zu A.
Auf diese Weise kann die Übung mit wechselnden Aufgaben fortgesetzt werden.

Übungen mit Torschuß

Wenn die Spieler die Basisübungen grob beherrschen, sollten sie diese auch in einer Übung mit einer Anschlußaktion anwenden (vgl. auch S. 129).

Dies könnte z. B. ein Torschuß oder eine Flanke sein. Dadurch sehen die Spieler den Sinn der Basisübungen und verbinden sie mit der entsprechenden Wettkampfsituation.

Eindrehen und Torschuß

Eine Serie von Basisbewegungen (z. B. *Eindrehen innen* oder *außen*) schließen die Spieler mit einer Finte und anschließendem Torschuß ab.

Diese Übung sollte auch zur linken Seite ausgeführt werden.

Die Hütchen könnten auch durch passive oder halbaktive Gegenspieler ersetzt werden.

Anspiel, Finte und Torschuß

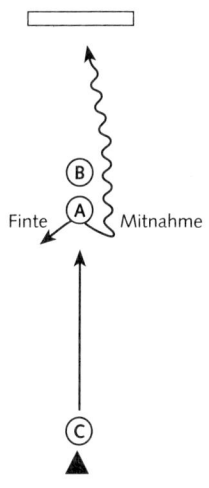

Der Gegenspieler sollte erst nur als Orientierungshilfe dienen, er ist also nur ein Partner, der auf die Täuschungen eingeht. So gewinnt der Dribbler Selbstvertrauen und wird immer sicherer im Anwenden der gelernten Finten. Je besser der Angreifer die Techniken beherrscht, desto größer sollte die Gegenwehr des Abwehrspielers sein. Für Fortgeschrittene wird diese Übung zu einem echten Wettkampf. In der ersten Stufe nehmen die Spieler den Ball erst an, bevor sie den Gegner verladen und an ihm vorbeidribbeln. Sie sollten sehr variabel und kreativ Scheren, Übersteiger, Ausfallschritte und das *Ziehen hinter das Standbein* üben.

In der zweiten Stufe nimmt der Dribbler den zugespielten Ball auch direkt mit am Gegner vorbei in Richtung Tor. Vorher täuscht er den Abwehrspieler mit einem Ausfallschritt in die entgegengesetzte Richtung.

Anfänger suchen sich die Richtung zuerst aus, und der Gegner (Partner) reagiert in der erwünschten Weise. Die Rolle des Abwehrspielers könnte der Trainer übernehmen.

Fortgeschrittene sollten beide Seiten beherrschen und den Gegenspieler, der nun wettkampfgemäß reagiert, ausspielen. In dieser Variante befinden sich in der zentralen Position Spielerpaare, die abwechselnd Stürmer und Abwehrspieler sind.

Ein Mitspieler oder der Trainer könnte den Ball scharf in den Fuß des Angreifers spielen.

Literaturliste

Bücher

Albeck / Zöller: Kindgerechtes Fußballtraining, WFV-Schriftenreihe Band 27,
Bisanz / Gerisch: Fußball, Reinbek 1998
Bischops / Gerads: Kinder- und Jugendfußball, Aachen 1992
Brüggemann, Detlev: Kinder- und Jugendtraining, Schorndorf 1989
Brüggemann / Albrecht: Modernes Fußballtraining, Schorndorf 1988
Fußball-Lehrplan, Teil 2, Kinder- und Jugendtraining, 1985
Teil 3, Jugendtraining, 1987
Harmsen / Daniel: Fußball Jugend Training, Reinbek 1990
Joch, Winfried: Das sportliche Talent, Aachen 1992
Pfeifer / Maier: Fußballpraxis Teil 4 – Jugendtraining II, WFV-Schriftenreihe Nr. 20, Stuttgart 1995

Videos [1]

[1] Alle Videos sind im Versandhandel für Sportartikel und Sportmedien erhältlich. Weitere Informationen und Bezugsquellen sind erhältlich beim Institut für Jugendfußball (Tel.: 02327–977167 oder Fax: 02327–977176) oder E-Mail ifj96@aol.com

Die Ajaxschule, Koordinations- und Schnelligkeitstraining
(Teil 1 und 2)
Wiel Coerver: «Die Coerver-Methode» Teile 1–4
Peter Schreiner: Erfolgreich Dribbeln
Teil 1: Großgruppentraining
Teil 2: Gegner im Rücken
Teil 3: Neue Dribbelschule für Jungen und Mädchen
Rauin / Schreiner: Koordinationstraining
Teil 1: Grundlagentraining
Teil 2: Aufbautraining
Peter Schreiner: Erfolgreiches Pendeltraining, Techniktraining mit dem Swingball
Goal 1 – Fußballtechnik – 40 Übungen für eine erfolgreiches Jugendtraining
Goal 2 – Fußballtechnik II – 30 Übungen für eine erfolgreiches Jugendtraining
Fußball pur:
Teil 1 Spaß von Anfang an (F- und E-Junioren I)
Teil 2 Spaß von Anfang an (F- und E-Junioren II)

Die Videos zum Buch

Erfolgreich Dribbeln – Teil 1:
Großgruppentraining
Organisationsformen und Techniken zum:
- Aufwärmen
- Erlernen von Angriffstechniken

Laufzeit: 60 min., VHS
Preis: 49,90 DM

Erfolgreich Dribbeln – Teil 2:
Gegner im Rücken (GIR)
Ein Video nicht nur für Stürmer, die einen Gegner verladen möchten, der sich hinter ihnen befindet. Basisbewegungen für kreative Fußballer, Torschußtraining.
Laufzeit: 50 min., VHS
Preis: 49.90 DM

Erfolgreich Dribbeln – Teil 3:
Neue Dribbelschule
für Jungen und Mädchen
- Selbständiges Üben
- Hausaufgaben für Spieler
- kindgemäße Vermittlung von spektakulären Angriffstechniken

Laufzeit: 35 min., VHS
Preis: 29,90 DM

Diese und weitere interessante Videos (Koordinationstraining, Pendeltraining, BallKoRobics) erhalten Sie im *Versandhandel* oder beim:
Institut für Jugendfußball (Bochum)
Tel.: 02327-977167 - **Fax**: 02327-977176 - **eMail**: ifj96@aol.com
Weitere Infos auch unter: **http://www.ifj.de**

EQT PREDATOR ACCELERATOR
DER ULTIMATIVE FUSSBALLSCHUH

- Innovativer Feet You Wear® Stollenschuh, der die Anatomie des menschlichen Fußes berücksichtigt
- Schaft aus weichem K-Leder
- überarbeitete Predator-Technologie
- asymmetrische Schlaufenschnürung für mehr Kontaktfläche zum Ball
- TRAXION Laufsohle für optimalen Bodenkontakt
- der Fußballschuh von Giovane Elber (Bayern München), Fredi Bobic (VfB Stuttgart), Alessandro del Piero (Juventus Turin), Zinedine Zidane (Juventus Turin), David Beckham (Manchester United) und Patrick Kluivert (AC Mailand)

adidas